FRANK BEHRENDT

LIEBE DEIN LEBEN

UND NICHT DEINEN JOB

10 RATSCHLÄGE FÜR EINE ENTSPANNTE HALTUNG

 PENGUIN VERLAG

Sollte diese Publikation Links auf Webseiten Dritter enthalten,
so übernehmen wir für deren Inhalte keine Haftung, da wir uns diese
nicht zu eigen machen, sondern lediglich auf deren Stand zum Zeitpunkt
der Erstveröffentlichung verweisen.

Verlagsgruppe Random House FSC® N001967

PENGUIN und das Penguin Logo sind Markenzeichen
von Penguin Books Limited und werden
hier unter Lizenz benutzt.

1. Auflage 2018
Copyright © 2016 by
Gütersloher Verlagshaus, Gütersloh,
in der Verlagsgruppe Random House GmbH,
Neumarkter Straße 28, 81673 München
Umschlag: Hafen Werbeagentur
Umschlagmotiv: © Kostsov / shutterstock
Druck und Bindung: GGP Media GmbH, Pößneck
Printed in Germany
ISBN 978-3-328-10281-6
www.penguin-verlag.de

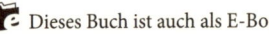 Dieses Buch ist auch als E-Book erhältlich.

Für Melanie, Emily, Josh und Holly.

Ihr seid mein Sonnensystem.

Ich bin jeden Tag glücklich, weil es euch gibt.

Inhalt

Prolog: Wuuusch

Samstagvormittag. Ich sitze beim Friseur. Unangemeldet. Geht nicht anders, denn bei »JP Cut & Color«, bei mir gleich um die Ecke, gibt es keine Termine. Hier gilt: first come, first serve. Manchmal muss ich eine Stunde warten. Trotzdem – alle zwei, drei Wochen komme ich hierher, seit sechs Jahren.

Wie immer waren die Damen vom Altersheim gegenüber schneller als ich. Ich habe auf einem der Wartestühle Platz genommen und checke meine Mails auf dem Smartphone. Da ruft Daniel Häuser an, der zusammen mit Peter »Bulo« Böhling das People-Magazin der Kommunikationsbranche macht: *Clap*. »Für Neugierige, Eitle und Schadenfrohe« lautet der Untertitel. Häuser will mal wieder eine Geschichte mit mir machen, nur ein Thema brauchen wir noch. »Franky, wie machst du das nur«, fragt er, »du bist immer gut drauf, nie gestresst.«

Dieses Feedback hatte ich schon öfter bekommen. Die Leute wunderten sich, dass ich nie in Hektik gerate. Der Chef einer der großen Kommunikationsagenturen in Deutschland mit Tiefenentspannung als Grundmodus? Das war kaum vorstellbar. Vor allem nicht in der Agenturbranche, die zu Recht als besonders schnelllebig und kräftezehrend gilt.

Daniel Häuser kennt mich. Der weiß, dass das keine Show ist. Entspannt und gelassen zu sein kann man ja auch nicht auf Dauer spielen. Entweder man ist es oder man ist es nicht. »Was nimmst du eigentlich für Drogen? Die will ich auch haben«, frotzelt er. »Ist doch ganz einfach«, spiele ich den Ball zurück und gebe ihm einen kurzen Überblick über meine Tricks, mit denen ich es schaffe, auch inmitten der größten Aufregung auf dem Boden zu bleiben. »Das ist gut, schreib das doch mal auf!«, sagt Häuser.

Die Dauerwellen der alten Damen dauern noch etwas länger. Um mich herum das Brummen der Trockenhauben, die warme Luft, das Hintergrundgeräusch aus plappernden Stimmen und klappernden Kaffeetassen, das Wabern der Haarspray-Wolken ... Innerhalb von zwanzig Minuten habe ich zehn Ratschläge in mein Smartphone eingetippt. *Wuuusch* – abgesendet. Drei Minuten später ist Häusers Antwort da: »Nummer sechs ist daneben. Der Rest ist gut.«

Ich schau mir die Sechs an: Na ja. Schreibe eine neue. Wieder *Wuuusch*. Häusers Response: »Klasse. So drucken wir das in *Clap* ab. In Ordnung?«

Bis September 2015 hatten nur wenige von dieser Zeitschrift gehört, denn die gibt es nicht am Kiosk zu kaufen. Die Redaktion entscheidet, wer in den Verteiler aufgenommen wird. Bei einer Auflage von rund 2.500 gedruckten Exemplaren ist das für jemanden aus der PR-, Werbe- oder Verlags-Szene wie ein Ritterschlag, wenn er das Hochglanz-Blatt in der Post hat. Wohlgemerkt: nicht im digitalen, sondern im realen Briefkasten. Denn *Clap* ist vorwiegend ganz old-fashioned noch ein Print-Medium. Da drückt keiner mal schnell auf »Weiterleiten«.

Doch dieses Mal war es anders: Irgendjemand fotografierte die Seite mit meinen »10 ernsthaften Ratschlägen, wie man lockerer durchs (Berufs-)Leben kommt« ab und stellte sie ins Netz. Sie machte in den sozialen Netzwerken die Runde, wurde tausendfach geshared, geliked und getwittert. Irgendwann stiegen die Verbreitungsmaschinen im Netz ein: Spiegel Online, BILD.de, Stern.de. Die Sache war schon völlig außer Kontrolle geraten, als auch noch die Print-Medien nachzogen – vom Handelsblatt über die Wirtschaftswoche bis zur Frauenzeitschrift myself.

Selbst mich, den altgedienten PR-Profi, hat diese Resonanz total überrascht. Schnell wurde klar: Ich habe da einen Nerv getroffen. Denn das Work-Life-Thema ist ja nicht nur in Agenturen – also dort, wo es fast schon Tradition ist, die Nächte durchzuarbeiten – ein Riesen-Thema. In jeder Branche gibt es viele bewährte Mitarbeiter, die sich ausgelaugt und fremdgesteuert fühlen, und die Generation Y will erst gar nicht in diesen Arbeite-bis-du-umfällst-und-vergiss-deine-Familie-Modus hineingeraten. Sie alle wollen ein Leben, in dem Beruf und Privates nicht im Kampf miteinander liegen; sie wollen ihr Bestes geben und beitragen, ohne in der Job-Maschinerie kleingehäckselt zu werden. In Kurzform: Sie wollen entspannt und nicht gehetzt sein.

Auf den ersten Blick zeigen die »10 Ratschläge«, wie *ich persönlich* es schaffe, gelassen zu sein und ein entspanntes Leben zu führen. Es ist *mein* Weg, mich nicht von meinem Job auffressen zu lassen. *Dein* Weg sieht bestimmt anders aus. Doch hinter jedem meiner Ratschläge steckt mehr als nur ein flapsiger Denkanstoß. Was ich im Hochsommer in einem heißen Friseursalon auf die Schnelle ins Smartphone getippt habe, ist die Essenz eines ganzen (Arbeits-)Lebens. Den tieferen Sinn hinter jedem dieser Ratschläge will ich in diesem Buch freilegen.

Denn ich habe eine Vision: weniger Hektik und Getriebensein, mehr Gelassenheit für alle. Diese Vision handelt von Chefs, die ein Fels in der Brandung sind und nicht krampfhaft nach Schuldigen suchen. Von Mitarbeitern, die nicht über die Arbeitsbelastung stöhnen, sondern Freude und Spaß an ihrem Job haben. Menschen, die sich wieder daran erinnern, warum sie ihren Beruf gewählt haben, weil sie endlich ruhig und ohne Hetze ihre Arbeit machen können.

Diese Vision will ich teilen. Ich will inspirieren, indem ich von meinen Erfolgen und meinen Fehlern erzähle, davon, was ich erlebt habe und was mich berührt. Ich gebe zu, eine Portion Eigennutz ist auch mit dabei: Ich bin gerne mit entspannten Menschen zusammen. Das Leben macht mehr Spaß mit gelassenen Kunden und Kollegen. Ich freue mich auf Bäckereiverkäuferinnen, die auch im morgendlichen Ansturm ein Lächeln für ihre Kunden übrig haben. Wenn ich im Flieger unterwegs bin, fängt der Tag mit gut aufgelegten Security-Leuten bei der Gepäckkontrolle gleich viel schöner an. Und in der Bahn weiß ich höfliche Reisende zu schätzen, die meine Begrüßung erwidern, wenn ich mich ihnen gegenüber hinsetze.

Zehn Ratschläge sind es, die meine Einstellung zum Leben auf den Punkt bringen. Sie beschreiben mein Universum. Dass sie funktionieren, zeigt nicht nur mein äußerer Erfolg. Vor allem meine Grundentspanntheit und meine Zufriedenheit sind der Beweis dafür, dass es sich mit ihnen sehr gut leben lässt.

Wenn nur *einer* von ihnen dir zu mehr Klarheit verhilft, dir mehr Zeit mit deiner Familie verschafft oder dir dabei hilft, dich nicht von der Arbeit auffressen zu lassen, dann hat dieses Buch seinen Zweck schon erfüllt.

Kapitel 1: Jeito

Mach dir jeden Morgen noch mal klar, dass wir im Job nur Monopoly für Erwachsene spielen. Egal, was wir hier machen oder nicht machen – die Welt dreht sich weiter. Deshalb sollten wir uns bei aller Ernsthaftigkeit selbst nicht zu wichtig nehmen.

Gänsehaut kriecht über meinen Rücken. Ich stehe auf dem Fünf-Meter-Brett. Allein. Alle anderen sind schon gesprungen. Tief unter mir, merkwürdig perspektivisch verkürzt, brüllt der Lehrer vom Beckenrand zu mir hoch. Wie immer im blauen Trainingsanzug mit drei Streifen an der Seite und mit der Trillerpfeife um den Hals. Der kennt keine Gnade. Genauso wie im Französischunterricht – da führt dieser Lehrer gerne der gesamten Klasse die Tonbandaufnahmen der schlechteren Schüler aus dem Sprachlabor vor, als abschreckendes Beispiel. Die eine Hälfte der Klasse lacht sich dann schlapp, die andere ist erleichtert, dass heute mal ein anderer lächerlich gemacht wird. Und einer versinkt vor Scham in den Boden.

Zurück zum Sprungturm. Allein der Aufstieg hat mich schon fertig gemacht. Ich bin 12 Jahre alt, kein Weichei, aber mit der Höhe hab ich es nicht so. Vor Kälte bibbernd starre ich in die Tiefe. Ich kann bis auf die Fliesen auf dem Grund sehen, gute zehn Meter unter mir. »Jetzt spring endlich!« Das Geschrei des Lehrers hallt von den gekachelten Wänden des Hallenbads wider. Dazu das mitleidlose Grinsen der Mit-

> Dieser Moment war einer der schlimmsten in meinem Leben.

schüler, das Kopfschütteln. Einigen ist schon langweilig geworden, sie schauen nicht mal mehr hoch. Ich weiß genau: Nur ein kleiner Schritt, dann habe ich es hinter mir. Aber ich kann nicht. Besiegt steige ich die Leiter wieder hinunter.

Ich habe schon ewig nicht mehr an diese Geschichte gedacht. Erst jetzt, wo ich an diesem Buch arbeite und eine Situation beschreiben will, in der ich mich machtlos und ausgeliefert fühlte, fällt sie mir wieder ein. Dabei war dieser Moment gefühlt einer der schlimmsten in meinem Leben. Die Sechs für die »Leistungsverweigerung« im Schwimmen hat mir nicht so viel ausgemacht. Aber die Scham. Und dass ich geheult habe, als ich mittags nach Hause kam und meine Mutter ahnungslos fragte, wie es in der Schule war.

Es war furchtbar für mich, in den Tagen nach diesem Desaster zur Schule zu gehen. Da waren die Blicke der anderen, aus denen ich nur Häme herauslas. Das geht nie vorbei, das muss ich jetzt bis an mein Lebensende aushalten, war mein Gefühl ...

... und dann habe ich die Geschichte vergessen. Alle anderen um mich herum auch. Wahrscheinlich hat es keine Woche gedauert, bis Gras über die Sache gewachsen war. Dass ich gekniffen hatte, war nicht mehr wichtig.

Ich denke, jeder hat solche Geschichten in seiner Kindheit erlebt. Erst aus der Distanz heraus wird klar: Na, so ein Drama war es dann doch nicht. Die miese Note im Zeugnis, die kaputte Fensterscheibe, das entlaufene Kaninchen – alles Stürme im Wasserglas und Schnee von gestern. Man hat Erfahrungen gemacht, Fehler wieder ausgebügelt, neue Wege beschritten ... die Welt hat sich weiter gedreht.

> Stürme im Wasserglas, Schnee von gestern.

Gehe in das Gefängnis, begib dich direkt dorthin ...

Damals brauchte ich ungefähr eine Woche, bis ich denken konnte: »Ich bin nicht vom Fünfer gesprungen – na und?« Ich hätte mir ein paar sehr unangenehme Tage sparen können, wenn ich von vornherein hätte gelassener sein können. Dann hätte ich noch in der Schwimmhalle zusammen mit meinen Kumpels gelacht. Doch zu dieser Leichtigkeit war ich zu jener Zeit nicht fähig. Gelassenheit hat schließlich etwas mit Distanz zu tun. Mir fehlte der nötige Abstand, um das Geschehene objektiv einordnen zu können und in meinen Gedanken auf ein vernünftiges Maß zu bringen. Ich war in der Situation gefangen. Dabei hatte ich noch Glück – irgendwie ging es ja ganz von allein vorbei.

Als Erwachsener muss ich mich nicht mehr auf das Glück verlassen. Denn ich habe gelernt, gelassen zu bleiben und mich nicht von Lebenslagen, in denen ich mich früher hilflos gefühlt hätte, überwältigen zu lassen. Ich weiß, dass viele Menschen, so wie ich damals, als ich durch die Schulflure schlich, in ihren großen und kleinen Katastrophen feststecken. Sie fühlen sich dem, was sie bedrückt und belastet, ausgeliefert, sehen keine Alternativen und hangeln sich von Tag zu Tag, ohne Aussicht, dass sich die Dinge von allein regeln werden.

Vor allem im Job ist das so: Eigentlich mögen sie ihre Arbeit, aber die beschwingten, leichten Momente sind viel zu selten. Die Tage, an denen sie sich gestresst, ausgelaugt, vielleicht sogar überfordert und überlastet fühlen, werden immer mehr. Zu Hause können sie nur schwer abschalten, weil sie dauernd daran denken müssen, was alles

> Wenn das Leben davon abhängt, nicht auf die Schlossallee zu geraten.

noch auf ihrem Schreibtisch liegt. Obwohl sie ganz schön ackern, scheint der Arbeitsstapel nie kleiner zu werden. Das Gefühl hinterherzuhinken, machtlos und ausgeliefert zu sein, lässt sie angespannt und gereizt werden – das ist das genaue Gegenteil von Gelassenheit. Noch schlimmer wird es, wenn einer davon überzeugt ist, er wäre unersetzlich und seine Arbeit unverzichtbar. Denn mit der Einstellung »Ich *muss* das schaffen, sonst geht hier alles den Bach runter« kommt er nie auf den Boden zurück und sorgt zum Beispiel für regelmäßige Entspannungspausen. Geht nicht. Er ist wie getrieben auf dem Monopoly-Spielfeld unterwegs und glaubt, sein Leben hinge davon ab, nicht auf die Schlossallee zu geraten.

Und genau das ist das Problem: Wenn du bis über die Ohren in der Situation – in diesem Fall: der Arbeit – steckst, nimmst du die Relevanz der Dinge nur noch verzerrt wahr. Du findest keine Lösung, weil das Gefühl des überwältigenden Drucks dich blind dafür macht, was sinnvoll und angemessen ist.

Ein einfaches Beispiel: Jemand hat die Aufgabe, die Weihnachtskarten seiner Firma zu verschicken. Am Nachmittag hat er angefangen, die vorgedruckten Briefkarten mit persönlichen Widmungen zu versehen und einzutüten. Um sechs Uhr gesteht er sich ein, dass er sich mit dem Zeitaufwand verschätzt hat – von den 85 Adressen auf seiner Liste hat er gerade mal die Hälfte abgearbeitet. Um Sieben hockt er immer noch im Büro. Mit verkrampfter Schreibhand und vorgeschobenem Kinn wünscht er den Lieferanten und Kunden seiner Firma »Frohe Weihnachten und erholsame Feiertage«. Er merkt gar nicht, wie bescheuert das ist. Er ist nur auf eines fokussiert: »Ich *muss* fertig werden.« Jedenfalls glaubt er das. »Wieder fünf geschafft. Noch 30. Oh Gott! Um halb neun bin ich zum Essen verabredet. Das schaffe ich niemals rechtzeitig! Ich werde anrufen und absagen.«

Eigentlich eine ganz lächerliche Szene, mancher wird vielleicht sagen: »Könnte mir nicht passieren.« Aber ist das wirklich so? Die Absurdität geht einem ja leider oft erst im Nachhinein auf. Wenn die Arbeit an dir zieht und zerrt und du das Gefühl hast, dass alles über dir zusammenbricht, dann ist etwas Wichtiges verlorengegangen: Gelassenheit. Ohne sie verlierst du den Überblick und vergisst, dass der Job zwar wichtig ist, aber andere Dinge eben auch. Deine Familie zum Beispiel. Deine Gesundheit. Deine Freunde.

> Dein Job ist wichtig, aber andere Dinge eben auch.

Mit der Nase am Van Gogh

So wie meine Geschichte mit dem Sprungturm zeigt, werden die Relationen ganz automatisch mit der Zeit zurechtgerückt. Wie lange wird der unglückliche Kartenschreiber wohl brauchen, bis er an den Abend im Büro zurückdenkt und sich sagen kann: »Na, sooo wichtig war das damals mit der Weihnachtspost nicht, die hätte ich genauso gut am nächsten Vormittag fertig machen können.«

Diese Gelassenheit käme natürlich zu spät. Den Abend hat er bereits vermasselt; seine Freunde waren sauer, weil er sie wieder einmal versetzt hat, und seine schlechte Laune hat die Familie abbekommen. Er hat die falsche Entscheidung getroffen, weil er gar nicht mehr in der Lage war, sich daran zu erinnern, dass es auch eine Alternative gab: einfach nach Hause gehen, Zeit mit den Freunden verbringen, mit der Arbeit am nächsten Tag zur Not eine Stunde früher als sonst weitermachen.

Hier ist die gute Nachricht: Nicht nur die zeitliche Distanz lässt einen gelassen werden, auch die innere Distanz schafft das. Du musst nicht warten, bis die Zeit dich klüger macht! Mit ein wenig Abstand von dir selbst kannst du hier und jetzt aus der Ich-muss-da-durch-es-geht-nicht-anders-Senke, dem Das-ist-nun-mal-so-und-es-wird-auch-niemals-anders-werden-Loch oder gar dem Hilfe-Hilfe-warum-hilft-mir-denn-keiner-Abgrund herauskommen.

Was machst du also, wenn du wieder einmal um halb neun noch im Büro sitzt? Du trittst sozusagen aus dir heraus, beobachtest dich von außen und fragst dich: »Was tue ich eigentlich gerade? Worum geht es hier? Ist es das, was ich wirklich will?« Es ist nur ein ganz kleiner Stopp in der Alltagshetze, aber er wirkt Wunder: Du gehst zu dir und zu dem, was du gerade tust, auf Distanz und bekommst so eine realistischere Einschätzung dessen, was wichtig ist. Wenn du nicht gerade Herzchirurg bist und in dieser Minute am offenen Herzen operierst, wirst du wahrscheinlich erkennen: Es geht nicht um Leben oder Tod. Mit ein wenig Abstand ergibt sich ein ganz anderes Bild.

> Gegen unentspannte Momente gibt es ein wirksames Mittel: Distanz.

Es ist wie im Museum – da stelle ich mich doch auch nicht mit der Nase ein paar Zentimeter entfernt vor ein Kunstwerk. Um es als Ganzes zu sehen und würdigen zu können, muss ich schon ein paar Schritte zurückgehen. Sich zu distanzieren hat nichts mit Gefühlskälte zu tun, sondern damit, dass ich den Überblick behalte und entspannt und weniger angstgetrieben gute Entscheidungen treffen kann.

Erst mit diesem inneren Abstand schrumpfen Anforderungen und Probleme, die übergroß scheinen, auf Normalmaß. So kannst du ein vermeintlich in den Sand gesetztes Projekt doch noch zu einem bestmöglichen Ende führen und die ständige Streiterei mit einem Kollegen wird nicht gleich zum Grund, sich das Leben vermiesen zu lassen. Selbst wenn dir gekündigt wird, wirst du wissen: Das ist definitiv nicht das Ende.

Sich selbst und die Situation, in der man steckt, auch mal mit etwas Abstand betrachten zu können, ist die Basis der Gelassenheit. Und nur mit Gelassenheit bleibst du handlungsfähig. Die folgende Geschichte zeigt, was ich damit meine.

»Come on, Franky, shit happens!«

1983 habe ich Abitur gemacht. Statt zur Abifeier zu gehen, setzte ich mich in einen Flieger nach Kanada, um dort für ein paar Wochen mit drei anderen Jungs im Kanu über die Seen zu paddeln. Wildnis, Abenteuer, Lagerfeuer, Freiheit – genau mein Ding.

Der fünfte im Bunde war Jeff, unser Guide. Er zeigte uns, wie man in der Wildnis überlebt, und sorgte dafür, dass wir uns nicht verirrten. Bei ihm lernten wir, wie man Köder macht, und was wir von dem, was wir fingen, auch essen konnten. Jeff war ein cooler Typ, um die 30, sah aus wie ein Trapper, durchtrainiert, smart. In all den Wochen trug er entweder sein rotes oder sein grünes Karo-Holzfällerhemd. Er konnte stundenlang auf einer Landspitze sitzen und einfach nur in die Weite schauen.

Eine Woche vor Ende der Tour übernachteten wir in einer Lodge, um mal wieder Wäsche zu waschen und Pizza zu essen. Wir verabredeten, ein paar Stunden getrennt zu verbringen. Als ich nach dem Einchecken allein zurück zum Kanu kam, war mein Seesack weg. Der Schlüssel für das Schloss des Seesacks hing noch um meinen Hals, aber alles andere war geklaut: Klamotten, Geld, Traveller-Checks, Rückflugticket, Ausweis ...

Auch wenn ich mir damals schon sehr erwachsen vorkam, war ich doch lange nicht der erfahrene Player, für den ich mich hielt. Wie gerne würde ich berichten, dass ich mal eben eine Lösung für diese bescheidene Situation aus dem Ärmel schüttelte. Das Gegenteil war der Fall: Ich war fix und fertig, komplett verzweifelt. Hundertmal lief ich um das Kanu herum, suchte immer wieder unter den Bänken, hinter den Paddeln. Vollkommen irrational! Man sieht natürlich auf den ersten Blick, ob ein 80-Liter-Seesack in einem Kanu liegt oder nicht. Aber es war für mich schlicht unvorstellbar, dass alles, was ich hatte, weg sein sollte. Drei Stunden lang konnte ich keinen einzigen klaren Gedanken fassen, in meinem Kopf gab es nur noch eine Endlosschleife: »alles weg ... Katastrophe ... das kann doch nicht sein ... alles weg ... Katastrophe ... das kann doch nicht sein ...«

Endlich kam Jeff. Er holte mich aus der Schockstarre heraus, so dass ich nicht mehr nur auf das starren musste, was verloren war, sondern überlegen konnte, was zu tun war. Fakt war: In einem fremden Land musste ich noch eine Woche durch die Gegend paddeln, nur mit dem, was ich auf dem Leib trug und fünf Dollar im Brustbeutel. Ist blöd, aber es gibt Lösungen. Das Wichtigste zuerst: die Schecks sperren lassen. Dann mit den Eltern telefonieren und Geld schicken lassen,

> Ich hatte nur noch das, was ich auf dem Leib trug und fünf Dollar im Brustbeutel.

sich bei Jeff und den Reisegefährten Geld ausleihen, im nächsten Örtchen eine Minimalausstattung an Kleidung kaufen, sich in der Deutschen Botschaft Ersatzpapiere beschaffen. Jeff holte mich aus der lähmenden Gedankenmühle heraus und erinnerte mich daran, dass man Dinge regeln kann.

Das Dumme ist, dass du nicht immer einen Jeff bei dir hast, der dich wieder in die Spur bringt. Um runterzukommen, musst du dein eigener Jeff sein. Und genau da sind wir wieder beim Thema: Sobald du auf Abstand zu dir selbst gehst, schlüpfst du in die Jeff-Rolle, kannst die Sache objektiver als zuvor beurteilen – und bist bereit aktiv zu werden.

Das war jetzt schon die zweite Geschichte aus längst vergangenen Tagen. Das hat einen Grund. Für mich gibt es seit vielen Jahren keine Probleme mehr, vor denen ich wie vor unüberwindbaren Bergen stehe oder die mich gar in Panik versetzen. Denn

> **Sei dein
> eigener Jeff!**

ich lasse mich nicht mehr in eine distanzlose Katastrophenstimmung ziehen. Egal was passiert, meine Denkweise ist: Ich erlebe Situationen, die ein bestimmtes Handeln erfordern. Das ist machbar.

Mit Howie auf dem Boden bleiben

Wie geht das nun genau, Abstand zu sich selbst zu finden? Manche können das am besten mit Meditation. Für mich heißt aber die Königsdisziplin: Selbstironie. Nimm dich selbst nicht zu wichtig und lach über dich – ich finde, es gibt nichts Besseres, um auch mal auf Abstand zu sich selbst zu gehen und so gelassen und geerdet zu bleiben.

Ich hatte schon immer ein Faible für den deutschen Schlager. Keine Ahnung, woher ich das habe. Von meinen

Eltern kommt das definitiv nicht, bei uns zu Hause wurden immer Jazz und Dixieland gehört. Aber wenn ich im Auto unterwegs bin und es kommt »Es war Sommer« von Peter Maffay im Radio, dann drehe ich das lauter. Ich weiß, man ist auf der sicheren Seite, wenn man sich über Schlager lustig macht. Aber ich stehe dazu: Ich finde sie einfach gut. Und Howard Carpendale ist einer meiner Lieblingsinterpreten.

Als ich für Universal Music arbeitete, war auch der blonde Südafrikaner dort unter Vertrag. Es war ein Highlight für mich, ihn persönlich kennenlernen zu dürfen. Ein sanfter, eher leiser Typ, und trotzdem zieht er alle Blicke auf sich, wenn er den Raum betritt. Magic! Mir fiel auf, wie respektvoll und freundschaftlich er mit seiner Band und allen anderen in seinem Team umgeht. Für jeden hat er ein nettes Wort, ist nie genervt, kein Autogrammwunsch ist ihm zu viel. Ich glaube, es existiert kein einziges Foto von ihm, auf dem er schlechte Laune hat. Klar, er ist ein Vollblut-Profi, aber sein Lächeln ist echt.

Begeistert von »Howie« war ich lange bevor ich ihn persönlich traf. Schon in den Achtzigerjahren sang ich an Karaokeabenden seine Hits. Howies unverwechselbarer Akzent war für mich kein Problem, auch optisch war ich nicht weit vom Original entfernt – damals trug ich die Haare noch ein wenig länger als heute. Die Leute fanden meine Vorstellungen klasse. Und ich hatte eine Möglichkeit gefunden, meine Leidenschaft für das, was so viele andere peinlich finden, auszuleben – und zu entspannen.

Mit der Zeit habe ich meine Howie-Performance zur Kunstform entwickelt. Als ich noch bei der PR-Agentur

KetchumPleon war, hatten wir mal die Nachtresidenz an der Düsseldorfer Kö für ein Betriebsfest gebucht. Zwei Etagen, durch eine freie Wendeltreppe miteinander verbunden. Ich hielt vom Obergeschoss aus die obligatorische Ansprache – und legte dann einen fliegenden Wechsel in die Howie-

> Vor einem Chef im Glitzeranzug hat niemand Angst.

Rolle hin. Das Licht ging aus, im Glitzeranzug stieg ich, »Hello again« singend, die Treppe hinab. Den Raum erhellten nur die Kerzen, die auf jeder Stufe brannten, und ein Background-Chor machte die unverzichtbaren »Ahua«-Töne. Das Publikum bewarf mich aus dem Halbdämmer heraus mit Teddybären, Blumen und BHs. Ein großartiges Spektakel!

Warum erzähle ich das? Mancher mag jetzt den Kopf schütteln: Da will der Frank Behrendt ein Beispiel dafür geben, wie er auf dem Boden bleibt – und berichtet dann davon, wie er sich ins Rampenlicht stellt und nicht nur als Agenturchef, sondern auch noch als Pseudo-Schlagersänger Applaus haben will.

Ich sehe die Sache allerdings ganz anders: Nur einer, der sich selbst nicht so wichtig nimmt, kann so was bringen. Ich fand es befreiend, wenn meine Mitarbeiter sich vor Lachen bogen, weil ihr Chef sich zum Schlagerbarden machte – noch heute macht es mir einen Riesenspaß, meine exhibitionistische Seite auszuleben, die Rampensau in mir lässt grüßen. Aber ich wusste auch den eigentlichen Nutzen dieser Performances zu schätzen: Die Howard-Carpendale-Nummer brachte mich auf Distanz zu meiner Rolle als Agenturchef. So entging ich der Gefahr, mich zu wichtig zu nehmen.

Es ist verrückt: Weil ich auf Distanz gehe, bin ich gleichzeitig ganz nah bei mir. Ich kann so sein, wie ich bin. Außerdem: Welchen Chef traut sich ein Mitarbeiter wohl eher offen anzusprechen? Den, der ein-, zweimal im Jahr einen goldenen Dress trägt? Oder den Eisenfresser, der in seinem Brioni-Anzug festgewachsen zu sein scheint und den man höchstens mal von hinten durch die Gänge schweben sieht? Die Howie-Nummer, so abgedreht sie auch ist, machte mich anfassbar, normal. Sie brachte mich nahe an die Mitarbeiter heran. Und je näher wir aneinander dran waren, desto besser.

Alle hatten Spaß daran. Naja, fast alle. Ich kann gut damit leben, dass es Leute gibt, die die Howard-Carpendale-Nummer und ähnliche Auftritte nicht toll finden. »Ach, der Franky mit seinem Hang zur Selbstdarstellung«, winken sie ab. Ein Mitarbeiter hat sogar mal angedeutet, dass es ihm schon etwas unangenehm sei, mich als Chef zu haben. »Wie soll ich das denn meinen Kunden vermitteln?«, meinte er. Ich finde, wenn von 400 Leuten 390 Spaß haben und zehn nicht, dann ist das in Ordnung. Jeder muss Kritiker ertragen. Ich persönlich finde es vor allem wichtig, authentisch zu sein.

> Ach, der Franky mit seinem Hang zur Selbstdarstellung ...

Eine Bulldogge namens Fee

Es gibt noch einen weiteren guten Weg, dich nicht allzu wichtig zu nehmen: Mach dir klar, dass du nicht nur *eine* Rolle im Leben hast. Im Job magst du der Zampano sein, wenn du aber zu Hause den Müll rausbringst und die Glühbirnen wechselst, dann haben eventuelle Höhenflüge zuverlässig ein Ende. Dir wird ganz schön die Luft abgelassen, wenn dein Sohn dich vorwurfsvoll anschaut und sagt: »Ach Papa! Jetzt bist du auf meine Carrera-Bahn getreten!«

Auch nach Jahrzehnten mit Führungsverantwortung im Job habe ich zu Hause wenig zu sagen. Wer hier die Mütze auf hat, macht Fee, unsere Französische Bulldogge, deutlich: Rudelführer ist meine Frau, sie gibt dem Hund die Befehle. Auf mich hört er nur, wenn er Lust dazu hat, aber als Spielpartner bin ich immer gern gesehen. Damit kann ich gut leben. Den Wechsel zum Beispiel zwischen den Rollen »Agenturvorstand« und »Hundebespaßer« habe ich immer hinbekommen. Oder den zwischen »Vater von zwei kleinen Kindern« und »Senior-Berater von Kunden«. Weil ich alle meine Funktionen ernst nehme, komme ich erst gar nicht in die Verlegenheit, dass eine von ihnen mich zu sehr vereinnahmt und Macht über mich bekommt. Denn das würde bedeuten, dass sie mich so stark verformt, dass ich mich selbst gar nicht mehr wiedererkenne.

Mit meiner gelassenen Distanz zu meiner Rolle im Job kann ich es mir auch leisten, nicht meine Sekretärin an den Eingang zu schicken, damit sie meinen Besuch abholt. »Herr Behrendt hat nun Zeit für Sie, ich geleite Sie nach oben«, würde die dann sagen. Ich aber will keinen Eindruck schinden, ich gehe lieber selbst nach unten und begrüße meinen Besuch persönlich. Ich will nicht meine Bedeutung herausstreichen, sondern mein Gegenüber wertschätzen. Und wenn die Beziehung dann auch noch so freundschaftlich ist, dass wir uns duzen können, dann bin ich erst recht in meinem Element.

Ich *kann* übrigens meine Sekretärin gar nicht an den Eingang schicken, denn ich *habe* gar keine. Ich hatte und habe noch nicht einmal ein eigenes Büro, geschweige denn ein Vorzimmer. Ich brauche ja beides nicht. Weder als Statussymbol noch aus irgendeinem anderen Grund. Ich bin sowieso nur ein paar Tage in der Woche in der Kölner Niederlassung. Soll wertvoller Raum etwa leer stehen? Also teile ich mir mit der Standortleiterin einen wunderschönen Raum mit Blick auf den Kölner Dom. Wir kennen uns schon ewig und sind aufeinander eingespielt, fast schon wie ein altes Ehepaar. Ich mag den Austausch – kein eigenes Büro zu haben ist also kein großer Verzicht für mich.

> Ich nehme mich ernst, aber nicht wichtig.

Und die nicht vorhandene Assistentin? Ich bin sehr schnell im Umgang mit den digitalen Devices. Präsentationen schreiben, Terminabsprachen, Flüge einchecken – das meiste geht viel schneller, wenn ich es selber mache. Zack und fertig. Schon allein, weil es keine Rückfragen gibt: »Welches Hotel hättest du denn gerne? Willst du um 7.30 oder lieber um 8.40 Uhr fliegen? Soll ich mittags wieder einen Tisch im selben Restaurant wie das letzte Mal reservieren?« Und wenn eine Reisebuchung mal komplizierter ist, dann macht das unsere Rezeptionistin. Eine Sekretärin zu beschäftigen, nur um mir Bedeutung zu geben, das brauche ich nicht. Ich nehme mich ernst, aber nicht wichtig.

So manchem, der die Karriereleiter schon weit hinaufgekommen ist, geht das anders. Da gibt es zum Beispiel Topmanager, die in ihrer Selbstübersteigerung jedes Maß verloren haben. Mancher jettete um die Welt, ohne noch genau zwischen geschäftlichen und privaten Belangen unterscheiden zu können. Andere bewiesen bei der Anfertigung von Bilanzen eine erstaunliche Kreativität oder ließen sogar Mauscheleien zu, aus Sorge, dass ohne illegale Tricks ihr Unternehmen von der Konkurrenz abgehängt würde. Wohlgemerkt: Sie tun das nicht etwa, um sich die Taschen vollzustopfen. Ganz im Gegenteil: Sie geben alles fürs Unternehmen. Manchmal kostet diese – und ich meine das jetzt nicht ironisch – Selbstlosigkeit sie am Ende ihren Job. Ich habe manche dieser Leute kennengelernt und weiß: Sie leben für ihren Job und vergessen alles andere.

Vor zwanzig Jahren bin auch ich in die Ich-bin-so-superwichtig-Falle gelaufen, das muss ich zugeben. Ich war erfolgreich, hielt mich für den Nabel der Welt, alles andere war zweitrangig. Meine erste Frau war natürlich nicht glücklich über diese Master-of-the-Universe-Haltung. Ich erinnere mich zum Beispiel noch gut daran, dass sie mich mehrmals darum bat, mich um die kaputte Spülmaschine zu kümmern. Es ging natürlich nicht um die Spülmaschine. Sie wollte, dass ich Einsatz für die Familie zeige. Und zwar da, wo es lästig ist: im Alltag. Jeder Papa kann ein teures Spielzeug fürs Kind kaufen – oder von der Sekretärin besorgen lassen – und daheim den Superdaddy spielen. Aber dreimal die Woche rechtzeitig am Kindergarten sein, um den Nachwuchs abzuholen, oder regelmäßig mit ihm zum Fußballtraining zu gehen – das ist eine ganz andere Nummer.

Ich hätte nur den Telefonhörer in die Hand nehmen und irgendeinen Installateur bestellen müssen. Stattdessen wurde ich pampig: »Kauf doch einfach 'ne neue Spülmaschine.«

> »Kauf doch 'ne Neue!«

Dass meine damalige Frau darauf bestand, dass ich mich kümmere, beflügelte nur meine Arroganz. »Ich arbeite hart und hab das Recht, mit solchem Kasperkram in Ruhe gelassen zu werden.« Und dann setzte ich noch eins obendrauf: »Wer bezahlt denn hier die Party!« Für diesen Spruch schäme ich mich heute noch.

Hauptquartier Hängematte?

»Mach dir jeden Morgen noch mal klar, dass wir im Job nur Monopoly für Erwachsene spielen«, hatte ich in meinem ersten Ratschlag geschrieben. Dieser Schuss hätte auch nach hinten losgehen können. Auf den ersten Blick ist es nicht sehr vertrauenerweckend, wenn der Chef einer PR-Agentur – und das war ich ja zur Zeit der Veröffentlichung meiner zehn Ratschläge –, deren Beratungsleistung viel Geld kostet, sagt: »Ach, das ist doch alles nur ein Spiel.« Mit so einer Einstellung kann man kaum ernsthafte Arbeit und bedingungslosen Einsatz erwarten – oder? Aber wir haben keine entsetzten Anrufe von Kunden bekommen. Die Botschaft meines Monopoly-Vergleichs ist offenbar bei den meisten Menschen angekommen: Als Getriebener macht niemand auf Dauer einen guten Job. Mit mehr Gelassenheit sind wir alle viel freier im Kopf.

> Mit Gelassenheit viel freier im Kopf.

Gelassenheit ist jedoch kein Freifahrtschein dafür, in eine Luschi-Einstellung zu rutschen: »Ist doch sowieso alles egal! Wenn ich keinen Bock habe, dann lass ich es einfach sein.« Kaum etwas regt mich mehr auf als unzuverlässige Mitarbeiter, die ihre Aufgaben nicht wie abgesprochen erledigen und mit ihrem unprofessionellen Verhalten minutiös getaktete Abläufe torpedieren, Kunden vor den Kopf stoßen und ihre Kollegen im Stich lassen. Ich finde so ein Verhalten zutiefst unfair. Da verstehe ich keinen Spaß. Es ist doch sonnenklar, dass es im Leben Dinge gibt, die zeitrelevant sind. Ein Kunde, der eine Dienstleistung gebucht hat, darf erwarten, dass Zusagen eingehalten werden. Genauso wie Mitarbeiter darauf vertrauen dürfen, dass sie nicht dauernd für einen Teamkollegen einspringen müssen.

Ich habe immer mal wieder mit Leuten zu tun, die Probleme haben, Deadlines ernst zu nehmen. Einmal machte ich einem Mitarbeiter, dessen persönlicher Interpretationsspielraum mal wieder zu großen Schwierigkeiten geführt hatte, Vorhaltungen. Da sagte er zu mir: »Warum bist du denn so unentspannt?« Da blieb mir kurz die Luft weg. Der hatte es einfach noch nicht verstanden: Hohe Disziplin ist kein Widerspruch zu Entspanntsein. Ganz im Gegenteil. Hinter Leichtigkeit steckt immer harte Disziplin. Dazu mehr in einem der nächsten Kapitel.

Ich bin immer gelassen, und meistens entspannt. Diese innere Einstellung bewahrt mich in anstrengenden und angespannten Zeiten davor, aus der Hektik heraus schlechte Entscheidungen zu treffen oder gar in Schockstarre zu verfallen. Das bedeutet aber noch lange nicht, dass mein Hauptquartier die Hängematte ist. Auch ich arbeite die Nacht durch, wenn es notwendig ist. So lange, bis der Job getan ist und wir dem Kunden in die Augen schauen können. Dann, und erst dann kann ich wieder meine Gelassenheit leben.

Wer immer *on duty* ist, verkrampft total. Wer pausenlos entspannt sein will, wird zum Versager. Die Lösung ist, sich selbst nicht allzu wichtig zu nehmen und gleichzeitig einen guten Job zu machen. Mit dieser Haltung kannst du auch die schönen Seiten des Lebens genießen. Allerdings wird gerade den Deutschen nachgesagt, dass sie sich damit schwer tun. Für mich gilt das nicht. Dafür gibt es einen Grund: *Jeito*.

> Hohe Disziplin ist kein Widerspruch zu Entspanntheit.

Brasilianische Verhältnisse

Einen guten Teil meiner Kindheit verbrachte ich in Südamerika. Ende der Sechziger-, Anfang der Siebzigerjahre lehrte mein Vater Kunst an der Deutschen Schule in Rio de Janeiro, direkt unter dem Zuckerhut. Unser Haus im Bezirk Cosme Velho, nur über eine steile Treppe erreichbar, war für unsere fünfköpfige Familie groß genug, aber ziemlich marode. Die Wasserpumpe zum Beispiel, die *bomba*, war dauernd kaputt. Sobald dann der Tank unter dem Dach leer war, hatten wir kein fließendes Wasser und auch die Klimaanlage funktionierte nicht mehr. Im Sommer bei über 40 Grad war das kein Spaß.

Die Pumpe war schon ein paar Jahrzehnte alt, längst gab es keine Ersatzteile mehr. Ein neues Gerät war keine Option, denn wer sich in Brasilien nach deutscher Art beschwert oder etwas einfordern will, läuft gegen Wände. Das hatten meine Eltern schnell herausgefunden. Also wurde alle paar Wochen der Installateur gerufen, der *Bombeiro*, der dann mit der Leiter auf das Dach stieg und sich der Sache annahm. Er hatte nur wenig Werkzeug: einen Schraubenschlüssel, einen Bohrer und eine Zange. Und trotzdem hat er es immer geschafft, die Wasserpumpe wieder zum Laufen zu bringen. Denn in seinem Werkzeugkasten waren auch Gummiringe von Weckgläsern, kaputte Fahrradschläuche, Schnüre, Draht, Lumpen ... und ein Wunderkleber namens Araldite.

Die Pumpe funktionierte dann eine Zeit lang – bis sie wieder streikte. So war der *Bombeiro* bei uns Dauergast, sozusagen systembedingt.

> Der Bombeiro war bei uns Dauergast.

Als wir nach sieben Jahren wieder nach Deutschland zurückkehrten, war die Pumpe in demselben Zustand wie bei unserem Einzug; nur ein bisschen mehr Gummi und Kleber waren dazugekommen.

Von einer dauerhaften Lösung oder gar Perfektion war nie die Rede. Irgendwie ist es gegangen, und das war nicht mehr und nicht weniger als das, was der *Bombeiro* erreichen wollte. Für die Brasilianer ist das eine Lebenseinstellung, sie haben auch ein Wort dafür: *Jeito*. Das spricht sich portugiesisch aus, mit einem weichen sch am Anfang, so wie das »je« im Französischen. *Jeito* kann man nicht übersetzen, denn es gibt in den westlichen Ländern keine Entsprechung dafür, schon gar nicht im Deutschen. Es hat etwas zu tun mit »es laufen lassen«, »das Beste draus machen«. *Jeito* bedeutet auch: »Jetzt komm mal runter; irgendwie bekommen wir das schon hin.«

Mit *Jeito* kommen die Brasilianer immer durch. Nicht plangemäß, aber mit Lebensfreude. Zugegeben: *Jeito* kann einen auch verrückt machen, zum Beispiel wenn die Wasserpumpe zum 28. Mal ihren Geist aufgibt. Aber in gewissen Dosen ist die brasilianische Leichtigkeit für jeden Menschen zu empfehlen.

Ich bin dankbar, dass ich aus beiden Welten etwas vom Besten abbekommen habe. Unbedingter Leistungswille und Begeisterung für meinen Job – das ist das deutsche Erbe –

> **Nicht plangemäß, aber mit Lebensfreude.**

und gleichzeitig *Jeito*, die Kunst, sich immer wieder zu sagen: »Hey, worum geht es hier eigentlich? Mach dich mal locker!«

Monopoly für Erwachsene – du kannst dieses Spiel verbissen spielen, mit Magenkrämpfen und gehetzt atmend, weil du meinst, es geht um Kopf und Kragen. Oder du bist mit Leidenschaft, aber auch mit Leichtigkeit und Spielfreude dabei.

Mit *Jeito* eben.

Kapitel 2: Ausbildung zum Freiraumgestalter

Schaff dir Atempausen während des Arbeitstags.
Audiobook im Auto hören statt rumzutelefonieren, im
Flieger Bestseller auf dem Kindle lesen statt die letzte
Sales-Statistik.

»Mach mal Pause!« – das hört sich einfach an, aber es ist wie mit den Neujahrs-Vorsätzen: Morgens nimmst du dir ganz fest vor, für Entspannung und Ausgleich zu sorgen, und am Ende des Tages stellst du überrascht fest, dass es wieder mal nicht geklappt hat. Warum das so ist und wie du es trotzdem schaffst, kurze Unterbrechungen in den Alltag zu integrieren und so dein Leben besser genießen zu können, davon handelt dieses Kapitel.

Jeder weiß, dass nach ein paar Stunden jede Leistungs-kurve rapide in die Knie geht. Und dass ein kurzer Break einen wieder frisch für die anstehenden Auf-gaben macht und ganz allgemein die Lebens-qualität erhöht, ist ebenfalls bekannt. Theore-tisch jedenfalls. Und trotzdem arbeitet mehr

> **Jeder Fünfte macht sich sehenden Auges kaputt.**

als ein Fünftel der Vollzeitbeschäftigten die Mittagspause durch. Eine 2015 veröffentlichte repräsentative Studie der Bertelsmann Stiftung und der Barmer GEK zeigt das. Auf die Frage »*Wie häufig ist es in den vergangenen drei Mona-ten vorgekommen, dass Sie Pausen durchgearbeitet haben?*« antworteten 13 Prozent mit »oft« und 9 Prozent sogar mit »sehr oft«. Das heißt: 22 Prozent halten es offenbar für eine gute Idee, pausenlos von morgens bis abends durchzupowern. Weitere 29 Prozent lassen den Gang in die Kantine »gelegentlich« ausfallen. Das macht zusammen 51 Prozent. Die anderen 49 Prozent sind diejenigen, die »selten«, »sehr selten« oder auch »nie« auf ihre Mittagspause verzichten. Also nur knapp die Hälfte aller in Vollzeit arbeitenden Menschen nimmt regelmäßig ihre Pausen wahr.

Die nächste Frage des Gesundheitsmonitors lautete: »*Wie häufig ist es in den vergangenen drei Monaten vorgekommen, dass Sie in einem Arbeitstempo gearbeitet haben, das Sie langfristig nicht durchhalten können?*« Ist es Zufall, dass wieder genau 22 Prozent diese zweite Frage mit »oft« (16 Prozent) und »sehr oft« (6 Prozent) beantwortet haben?

Man liest vielleicht etwas schnell über diese Zahl hinweg. Sie bedeutet aber, dass mehr als jeder Fünfte sich sehenden Auges kaputt arbeitet. Wenn diese Selbsteinschätzung der Befragten auch nur halbwegs zutrifft, werden sie alle irgendwann am Ende ihrer körperlichen und mentalen Kräfte angekommen sein. Nicht unbedingt dieses Jahr. Vielleicht im nächsten. Oder im übernächsten. Unter Umständen kommen sie sogar irgendwie über die Runden und halten doch noch bis zur Rente durch. Aber was ist das denn für ein Leben!

Noch einmal: Wir sprechen hier von 22 Prozent! Wenn du das nächste Mal den 7.20-Uhr-Flieger von München nach Hamburg nimmst und gerade dein Handgepäck hinter der Klappe verstaust, dann zähl mal durch die Reihen: eins, zwei, drei, vier, *fünf* … eins, zwei, drei, vier, *fünf* … eins, zwei, drei, vier, *fünf*…

Das ist doch vollkommen verrückt, oder?

Mental unfrisch

Warum sind viele Tastaturen so fettig? Weil ihre Benutzer ihr Sandwich am Arbeitsplatz verdrücken. Ihre Mittagspause besteht darin, sich vom Bürostuhl aus hinunter zur Tasche zu beugen, die Tupperbox auszupacken und mit dem Butterbrot in der Linken ihr Online-Banking zu erledigen. Oder schnell noch die Unterlagen für das Meeting um 13.30 Uhr zu sichten. Egal ob du die Zeit, die du eigentlich zur Erholung nutzen sollst, mit privaten oder geschäftlichen To-dos zuknallst – die Pause ist damit gekillt. Gesund ist das nicht.

> Warum sind viele Tastaturen so fettig?

Böse Chefs sind nur in den seltensten Fällen der Grund für die mangelnde Pausenkultur. Das Arbeitsrecht legt klipp und klar fest, dass jedem Arbeitnehmer Pausen zustehen; in dieser arbeitsfreien Zeit muss er auch nicht abrufbereit sein. Bei einem Tagespensum von sechs bis neun Stunden ist eine halbe Stunde Freizeit vorgeschrieben. Bei mehr als neun Stunden sind es 45 Minuten. Ein Angestellter darf diese Pausen nicht nur nehmen, er muss es. Es steht ihm frei zu entscheiden, wo und wie er sie nutzt. Er kann sie auch in Viertelstunden-Häppchen über den Tag verteilen.

Fakt ist: Ausnahmslos jeder *kann* zum Mittagessen gehen, auf einen längeren Schwatz andere Kollegen besuchen oder auch die CD mit Walgesängen in die Anlage schieben. Fakt ist aber auch: Viel zu viele Menschen tun das einfach nicht und kleben an ihrem Schreibtisch fest.

Jetzt ist der Zeitpunkt gekommen, ein Geständnis zu machen. Auch ich gehöre zu denen, die ihr Mittagessen oft am Schreibtisch verdrücken. Eigentlich esse ich sogar immer dasselbe: zwei Körner-Käsebrötchen, ohne Garnitur.

Eine Ausnahme gibt es eigentlich nur, wenn ein Business-Lunch angesetzt ist.

Ich weiß natürlich, dass weder die Käsebrötchen am Laptop noch das Mittagessen mit Kunden oder Mitarbeitern echte Pausen sind. Aber genau in der Zeit von halb eins bis halb zwei, wenn es ruhig wird auf den Fluren der Agentur, schaffe ich am meisten weg. Keine Störungen, kein »Franky, kannst du schnell mal ...«, keine Telefonanrufe. So effektiv kann ich zu keiner anderen Tageszeit sein.

> Zwei Körner-Käsebrötchen, ohne Garnitur.

Und wo bleibt meine Pause? Die hole ich mir in kleinen Portionen über den Tag verteilt. Eine Viertelstunde rausgehen und am Rhein den vorbeifahrenden Schiffen hinterher schauen. Kurz vom Tisch aufstehen und mich strecken. Für eine halbe Minute am Fenster stehen und auf die Marina im Kölner Rheinauhafen oder den Dom blicken. Eine gefühlte Ewigkeit die Hände hinter dem Kopf verschränken und an gar nichts denken. Es sind genau diese kleinen Unterbrechungen zwischendurch, die so wertvoll sind. Mein Fazit: Ohne Pausen geht es nicht, daran ist nicht zu rütteln. Aber jeder muss und darf seinen eigenen Weg finden.

Gerade dieses kurze Aussteigen zwischendurch empfinde ich persönlich als besonders wertvoll. Jemand, der acht Stunden arbeitet und ganz folgsam seine halbe Stunde Mittagspause macht, hat immer noch zwei Blöcke von 3:45 Stunden zu bewältigen. Tausend Selbsthilfebücher und Ratgeberseiten im Internet, tausend Coaches, die von Unternehmen angeheuert werden, wiederholen immer wieder: »Viele kleine Pausen sind besser als eine große« – und trotzdem schaffen es gerade die, die es besonders nötig hätten, nicht, diese simple Aufforderung umzusetzen und wenigstens ein paar Minuten in ihre Erholung zu investieren.

Was ist da los? Wie konnte es so weit kommen?

Jeder Tag ein Höllenritt

So wie wohl alle, die wie ich in den Sechzigerjahren geboren wurden, habe ich in meinem Berufsleben noch Zeiten miterlebt, in denen es etwas ruhiger zuging. Nicht dass wir in den Achtziger- und Neunzigerjahren nicht hart gearbeitet oder es uns gar gemütlich gemacht hätten. Aber es gab noch genügend Nischen, die automatisch für wohltuenden Ausgleich sorgten. Dienstreisen zum Beispiel waren im Vergleich zu heute regelrechte Wellnesstrips. Im Auto oder in der Bahn war man einfach nicht erreichbar. Erst im Nachhinein ist mir klar geworden, was für ein großes Maß an Freiheit es bedeutete, unterwegs einen Rastplatz anzusteuern und einfach in aller Ruhe zu speisen, bevor es weiterging. Ich verdanke einer solchen Rast im »Taunusblick« bei Frankfurt die Bekanntschaft mit einer sehr netten Außendienst-Mitarbeiterin vom Kurierdienst Trans-o-flex. Hätte es damals schon Smartphone-Displays gegeben, hätte ich meine Augen woanders gehabt – und die himmelblauen Augen meiner späteren Freundin am Nachbartisch gar nicht wahrgenommen.

> Damals waren Dienstreisen noch wie Wellnesstrips.

Damals hatte ich keine Vorstellung davon, wie stark sich die Schraube noch weiter anziehen und die Arbeit verdichten lassen würde. Unter enormem Kostendruck faltenlos glattgeschmirgelte Arbeitsabläufe waren noch Zukunftsmusik.

In der Kommunikations-, Werbe- oder PR-Agentur zu arbeiten war schon immer etwas stressiger. Denn es bedeutet: Dienstleistung extrem – du leistest so lange Dienst, bis der Kunde zufrieden ist. »Delivern« ist das Maß der Dinge. Der Terminkalender ist gerammelt voll mit Brainstormings, Pitches und Teambesprechungen. Aber das ist ja nicht alles. Jeden Tag kommen die vielen Querschläger hinzu, die alles durcheinanderwirbeln: Ein Kunde will schnell noch einen Text, die Idee ist doch noch nicht so rund wie gedacht, das Produkt eines Kunden hat einen wichtigen Designpreis gewonnen ... Dann musst du sofort handeln: Du musst die Pressemitteilung *jetzt* schreiben. Die Krisenkommunikation *jetzt* einleiten. Den Elfmeter *jetzt* im Tor versenken. Für alle Mitarbeiter, vom Praktikanten bis zum Chef, ist das ein ungeheurer, nie nachlassender Druck. Wer nach zehn Stunden im Büro seine Arbeit erledigt hat und nach Hause gehen kann, hat einen guten Tag erwischt.

Auch wenn wir Agenturleute uns manchmal ein bisschen leidtun, hohe Anforderungen gibt es natürlich auch woanders. In *jeder* Branche sind im Zweifelsfall zu wenige Leute am Start. Kein Unternehmen kann es sich mehr leisten, Angestellte zu bezahlen, die nicht zu hundert Prozent ausgelastet sind. Die Personaldecke ist also fast immer so dünn, dass man durchschauen kann; es gibt immer mehr Arbeit als Menschen, und die, die da sind, befinden sich fast durchgehend am Limit. Kann sein, dass es irgendwo noch vergessene Inseln der Schläfrigkeit und des Ruhige-Kugel-Schiebens gibt. Ich persönlich kenne keine.

Für Versicherungskaufleute und Krankenschwestern, Lokführer und Angestellte im Einzelhandel mag es kreativ weniger stressig zugehen, doch der operative Anspruch, verursacht durch die immer effizientere Arbeitseinteilung und einen Workload, der von Heerscharen von Controllern bis ans Maximum gefahren wird, ist überall enorm. Egal, auf welcher Ebene der Hierarchie du dich befindest, ob selbstständig

> **Es gibt keine Haltebuchten im Eiskanal.**

oder angestellt: Sobald das eine vom Tisch ist, kommt das nächste. Und immer wieder das Unvorhergesehene: »Wir haben einen Systemausfall. Können Sie die Gehaltsabrechnungen vom Mai noch mal kurz rüberschicken?« Oder: »Frau Meier ist krank, in den nächsten Tagen müssen Sie ihren Bereich mit übernehmen.« Oder: »Firma XY plant eine feindliche Übernahme, wie reagieren wir?« So wird jeder Arbeitstag leicht zu einer Schlittenfahrt im Eiskanal: Morgens losfahren, *fullspeed* durch die Röhre, die dich abends wieder ausspuckt. Bobfahrer machen keine Pause, es gibt keine Haltebuchten im Eiskanal.

Es ist schon verrückt: Je anstrengender und anspruchsvoller die Arbeit ist, desto genauer müsste man doch auf Pausen achten. Niemand muss als Bobfahrer unterwegs sein – auch wenn manche das Image cool finden. Abgesehen davon, dass du dir auf diese Weise vielleicht den Hals brichst, geht es im Beruf und im Leben doch gar nicht darum, möglichst *schnell* Strecke zu machen, sondern einen möglichst *guten* Weg zu finden.

Von all den Menschen, die ich kenne, fällt mir kein einziger ein, der diese Erkenntnis nicht unterschreiben würde. Die Frage ist: Warum können nur die allerwenigsten sie tatsächlich umsetzen?

Frosch-Business

Aus der Biologie ist bekannt, dass ein Frosch, der in ein offenes Gefäß mit angenehm kühlem Wasser gesetzt wird, nicht herausspringt, wenn die Temperatur des Wassers in kleinen Schritten auf für ihn unerträgliche Temperaturen erhitzt wird. Denn er reagiert nur auf große Reizunterschiede. Wird er direkt in zu warmes Wasser gesetzt, wehrt er sich verzweifelt und versucht zu entkommen. Wird es aber um ihn herum ganz langsam wärmer, merkt er gar nicht, dass die Lage für ihn immer prekärer wird. Er springt sogar dann nicht, wenn er jenseits der 40 Grad langsam zu Tode gegart wird.

> »Durchhalten«, sagt der Frosch im Kochtopf.

Geht es uns Menschen nicht ganz ähnlich? Das Leben um uns herum wurde in kleinen Schritten immer schneller und wir haben uns an Vieles gewöhnt, was wir niemals erduldet oder ertragen hätten, wäre alles auf einen Schlag gekommen. Die vielbeklagte »ständige Erreichbarkeit« ist nur ein kleiner Mosaikstein. An allen Fronten hat sich Arbeit nach Art der Salamitaktik verdichtet: Noch eine Stelle ersatzlos gestrichen und die Arbeit auf die Übriggebliebenen verteilt. Noch mehr Kostendruck. Noch ein paar Kunden mehr im Portfolio. Noch mehr Reportings und Verwaltungskram ...

Wie für den Frosch im Kochtopf ist Durchhalten die Devise: »Ich schaff das schon.« Aber das ist nicht die Wahrheit, sondern gefährlicher Selbstbetrug. Niemand kann ein Arbeitsleben lang rennen. Wenn wenigstens der Feierabend ein Hort der Ruhe wäre! Aber wer kommt schon nach Hause und alles ist geregelt und entspannt? Meistens geht es doch im selben Prestissimo weiter: Kinder von der Tagesmutter abholen, schnell noch einkaufen, Anzug zur Reinigung bringen, aufräumen, Küche putzen, Auto zur Reparatur bringen, bei den Eltern vorbeischauen, weil die nicht mehr so hundertprozentig allein zurechtkommen ...

Außerdem: Die Frage ist doch nicht, ob du es irgendwie schaffst. Wird es dich mit Stolz erfüllen, wenn du auf dem Sterbebett sagen kannst: »Ich hab durchgehalten?« Das Leben ist doch nicht dazu da, dass du es mit Ach und Krach hinter dich bringst – du hast nur *eine* Chance, es gut und sinnvoll zu leben. Einfach nur »durchgehalten« zu haben, wäre ein bisschen wenig, oder? Es soll doch auch schön für dich sein!

Gerade in den letzten Jahren sorgen sich immer mehr Unternehmen um die Ausgeglichenheit ihrer Mitarbeiter und unternehmen große Anstrengungen, ihnen bessere Pausenmöglichkeiten anzubieten. Ruhe- und Fitnessräume, Basketballkorb auf

> **Das Leben soll doch schön sein!**

dem Parkplatz und gemütliche Sofaecken werden bereitgestellt. Die Generation Y, die auf den Arbeitsmarkt drängt und dafür bekannt ist, Ansprüche zu haben und auch durchzusetzen, von denen frühere Generationen nur träumen konnten, hat diese Entwicklung noch mal mit einem Turbo versehen. Nicht nur die Ausstattung der Arbeitsplätze bietet immer mehr Freiräume, auch der Umfang, den die Arbeit im Leben einnimmt, ist zunehmend frei wählbar.

In immer mehr Berufen können Menschen entscheiden, ob sie sich mit einer Vollzeitstelle wohl fühlen oder ob zum Beispiel eine Drei-Tage-Woche für sie das Richtige ist. Das lässt ihnen den Freiraum, sich auch auf anderen Gebieten persönlich zu entwickeln. Es ist überfällig gewesen, die Arbeitswelt familienverträglicher zu gestalten, und wir haben ja erst angefangen, die Möglichkeiten auszuschöpfen, mit denen sich Familie, Freizeit und Arbeit besser unter einen Hut bringen lassen. Das Leben hält noch so viel mehr für einen bereit, als nur den Job!

Das alles hört sich wahnsinnig entspannt an. Leider ist es völlig egal, ob du in einem Großraumbüro mit Neonröhren an der Decke gestresst bist, oder in einer vom Star-Innenarchitekten gestylten Team-Lounge mit ergonomisch perfekt modellierten Stühlen, ausgetüfteltem Farbkonzept und 3.000-Euro-Kaffeevollautomaten. Es macht auch keinen Unterschied, ob dich ein 14-Stunden-Tag nach dem anderen fertigmacht oder die komfortable Drei-Tage-Woche mit kontrolliertem 7,42-Stunden-Tag, wenn diese 7,42 Stunden pausenloser Dauerstress sind und der Rest deiner Zeit aufgrund pubertierender Kinder, Hausbau mit Eigenleistung und einem inkontinenten Katzenpaar auch nicht besser ist.

Solange du selbst nicht für deine Pausen sorgst, bleibt jeder Tag eine Irrsinns-Bobfahrt. Ganz gleich, wie kuschelig dein Unternehmen deine Entspannungsecke auch auspolstert, solange du dich nicht ein paar Mal am Tag aus eigenem Entschluss zumindest für wenige Minuten reinsetzt, ist der Effekt gleich Null. Es reicht also nicht, darauf zu warten, dass die Umgebung der Berufstätigen *noch* pausenfreundlicher gestaltet wird.

> Es ist egal, ob du im Großraumbüro oder in einer stylishen Lounge gestresst bist.

Du selbst bist es, der aktiv werden muss.

Tausend Prozent Zinsen

Was das Pausenmachen angeht, unterscheide ich drei Gruppen von Menschen: Da sind diejenigen, die einen guten Job machen und gleichzeitig die Pausen nicht vernachlässigen. Oder besser gesagt: Sie machen einen guten Job, *weil* sie clever im Pausenmachen sind. Sie sind im Beruf und im Privatleben ausgeglichen, mental fit und haben Freude an ihrer Arbeit. Dann gibt es die kleine Gruppe derjenigen, die sowieso immer und überall Pause machen. Das sind die typischen Blaumacher, die besonders gerne montags und freitags fehlen und die nie verlegen um eine Ausrede sind, wenn sie wieder einmal mit leeren Händen zur Teambesprechung kommen: »Der Rechner ist abgestürzt ...« In der Regel fliegen diese Kameraden irgendwann auf und anschließend raus.

Meiner Erfahrung nach aber besteht die mit Abstand größte Gruppe aus Menschen, die meinen, keine Pausen machen zu können, weil sie sonst ihr Pensum nicht schaffen. Damit meine ich nicht nur die 22 Prozent Mittagspausen-Schwänzer, von denen ich am Anfang dieses Kapitels erzählte. Zu dieser Anzahl kommen all jene noch hinzu, die zwar in die Kantine gehen, aber den Rest der Zeit keinen Schritt weg von der Tastatur machen.

Ich kann mir kein Szenario vorstellen, in dem es dauerhaft nicht möglich ist, sich regelmäßig und über den Tag verteilt kleine Pausen zu gönnen. Wenn es nicht anders geht, kann man die »verlorene« Zeit auch wieder hinten dranhängen. Denn jeder Arbeitstag endet irgendwann. Ob einer nun um sechs oder um halb sieben nach Hause geht, ist in den allermeisten Fällen irrelevant. Nicht egal ist, dass die zusätzliche halbe Stunde, als kurze Pausen über den Arbeitstag verteilt, die Lebensqualität um ein Vielfaches erhöht. Für jedes Zwei- oder Zehn-Minuten-Pausenpäckchen, das du in deinen Arbeitstag investierst, bekommst du ein Vielfaches an Lebensqualität zurück. Wenn es eine Berechnungsformel für eine Verzinsung so einer kleinen Pause gäbe, dann läge sie bei tausend Prozent.

»Das kann ich mir nicht leisten, ich habe so viel zu tun«, sagen die Pausen-Verweigerer, wenn der Kollege sie auf einen kurzen Kaffee in die Küche nebenan einlädt. Das ist natürlich kompletter Unsinn. Die Wahrheit ist eine ganz andere: Sie können einfach nicht so gut umschalten. Der Wechsel zwischen dem Fokussieren auf den Job und dem zwischendurch mal wieder Auftauchen fällt ihnen schwer. Offen gesagt handelt es sich um eine Art Trägheit. Es ist einfach, vier Stunden ohne große Fortschritte an einer Excel-Tabelle zu wursteln und sich dann zu wundern: »Ach, schon halb sechs?« Um Pausen zu machen, musst du schon etwas wacher im Kopf sein.

> In Wahrheit können sie nur nicht umschalten.

Diejenigen, die weniger talentiert im cleveren Pausenmachen sind, können diese Wachheit üben. Für sie ist es eine Frage des Trainings, ihren Tag mit Pausen zu strukturieren. Mit der Zeit wird es zur Gewohnheit, rechtzeitig für den Ausgleich stressiger Stunden und Tage zu sorgen. Ich will aus meinen eigenen Erfahrungen heraus ein paar Tipps für den Anfang geben.

- **Lass dich anstupsen.** Nimm dir fest vor, dass du zusagst, wenn ein Kollege dich fragt: »Wir gehen heute Mittag zum Bäcker, kommst du mit?« Wie gesagt: Mittagspause ist Pflicht und es gibt immer Mittel und Wege, sich diese Zeit auch wirklich freizuschaufeln.

- **Gemeinsam klappt es besser.** Aus dem Freizeitsport ist der Trick längst bekannt. Wer sich vorgenommen hat, regelmäßig joggen oder in die Muckibude zu gehen, verabredet sich mit anderen. Wenn sich dann abends die Faulheit meldet, klingelt es an der Tür und du kannst keinen Rückzieher mehr machen. Verabrede dich also morgens schon zu Mini-Breaks. Zum Beispiel zu einem kurzen Match am Tischkicker, der in der Softzone steht.
- **Weg vom Schreibtisch.** Geh raus aus dem Büro. Rede mit anderen über alles Mögliche, nur nicht über die Arbeit. Übrigens: Solltest du aus lauter Gewohnheit Unterlagen für dein nächstes Meeting mit in die Pause nehmen, lautet die Spielregel: Gehe zurück auf die Badstraße ...

Hierzu eine kurze Geschichte: Die fischerAppelt-Mitarbeiter in Köln können sich jederzeit einen bequemen Liegestuhl ausleihen, um sich an den Rhein zu setzen und sich mit Blick auf die langsam vorbeiziehenden Schiffe zu entspannen. Das Plätschern der Wellen, das Kreischen der Möwen, das ferne Rauschen des Straßenlärms ... gibt es etwas Besseres, um einfach mal abzuschalten? Am besten lassen sie gleich ihr Smartphone als Pfand am Empfang.

- **Nimm den Aufzug.** Der Job kann so spannend sein, wie er will, ich muss auch mal was anderes sehen. Deshalb suche ich gerne Orte auf, die nichts mit der Arbeit zu tun haben. Fahr doch mal nach zwei Stunden harter Arbeit am Bildschirm mit dem Fahrstuhl auf die Dachterrasse und schau in den blauen Himmel. Um das zu genießen, musst du kein Raucher sein. Und wenn du deinem Körper on top noch was Gutes tun willst, nimm die Treppe.

- **Stell dir eine Frage.** Diese Frage lautet: »Was waren gestern meine besten zehn Minuten?« Wetten, dass da ganz oft die Pausenzeiten mit dabei sind? War das nicht wunderschön, als du am Fenster standst, den Sonnenuntergang angeschaut hast und die letzten Sonnenstrahlen dein Gesicht wärmten?

> Was waren gestern meine besten zehn Minuten?

- **Genieße lange Anfahrtzeiten.** Eine Autofahrt zum Kunden ist für mich die ideale Gelegenheit für smarte Atempausen. Meine eiserne Regel: Bei längeren Autofahrten schalte ich das Telefon mindestens für 90 Minuten ab. Das sind zwei Fußball-Halbzeiten. Erst danach halte ich auf einem Rastplatz an und checke die Mails. In den 90 Minuten, die mir gehören, höre ich Audio-Book-Bestseller oder auch Hörspiele. Am liebsten Karl May. Egal wie weit ich fahre, wie viele Staus ich ertragen muss – mit Winnetou und Old Shatterhand macht mir das wenig aus.

- **Nimm deinen Hund mit ins Büro.** Gibt es einen besseren Grund, ein paarmal am Tag raus ins Freie zu gehen? Bei uns am Empfang liegt Ben, ein wunderschöner, reinrassiger, schokoladenbrauner Labrador. Er hat drei durchschlagende Eigenschaften: Er ist ein freundliches Wesen, ein unverbesserliches Leckermaul und ein Weltklasse-Arbeitsklima-Verbesserer. Natürlich muss das mit dem Chef und den Kollegen abgesprochen sein, aber ein kluger Chef wird den Hund nicht verbieten, wenn er gut erzogen ist, der Arbeitsplatz es irgendwie hergibt und die Kollegen das positiv sehen.

Der nächste Tipp ist der eigentliche Dreh- und Angelpunkt für all jene, die verstanden haben, dass Pausen ihr Leben reicher machen und die sich aktiv darum kümmern wollen, dass diese Unterbrechungen zuverlässiger Bestandteil ihres Lebens werden sollen.

Vorm Dunkin' Donuts in Berlin

Manchmal ist die Arbeit so stark verdichtet, dass es tatsächlich kniffelig sein kann, sich Raum für die großen und kleinen Pausen zu schaffen. Die Kunst ist es, die Lücken im Alltag zu erkennen und sie zu nutzen. Oft bieten sich diese fünf oder zehn Minuten von ganz allein an.

Mit dem Taxi fuhr ich vom Berliner Flughafen zum Büro an der Friedrichstraße. Ich steige immer an der Ecke Dorotheenstraße aus und gehe die letzten paar Meter zu Fuß. Dieses Mal hörte ich schon beim Aussteigen Saxophonmusik, und zwar richtig gute. Beim Büro gegenüber dem Dunkin' Donuts, stand ein Saxophonspieler. Ich überquerte die Straße und hörte einfach zu. Wie es so meine Art ist, wollte ich diesen besonderen Moment teilen; ich zückte also mein Smartphone, nahm den Musikanten ins Visier und stellte ihn per *Periscope* live ins Netz. Über diese App würden alle meine Kontakte 24 Stunden lang ihn und seine Musik miterleben können. Darunter auch Mitarbeiter aus dem Berliner Büro. Die sahen auf einmal auf ihrem Smartphone meine Aufnahme, während sie parallel dazu den Straßenmusikanten live hören konnten. »Hey, der Franky steht unten beim Saxophonspieler«, riefen sie sich zu. Da hing dann eine ganze Truppe im vierten Stock am Fenster und winkte mir und dem Musiker zu.

> Den besonderen Moment teilen.

Das war ein toller Break, Quality Time pur. Ich hatte mir kaum zehn Minuten Zeit genommen und mir damit eine Riesenfreude gemacht. Und den Mitarbeitern, die aus dem Fenster winkten, auch. Und dem Saxophonspieler ebenso. Er war über sein Trinkgeld happy, und auch ich war den ganzen Tag über inspirierter, beschwingter.

Ein normal getakteter Mensch hat immer mindestens zehn Minuten Puffer bis zum nächsten wichtigen Termin. Jeder kann, statt sich gleich bei Ankunft in den Konferenzraum zu setzen und die Unterlagen schon mal auszubreiten, auch noch eine kleine Runde durchs Viertel machen, die frische Luft genießen, mit Leuten über die Sportergebnisse vom Wochenende fachsimpeln ...

Auch für diejenigen, die keine Außeneinsätze haben, gibt es »Slots«, über die sie frei bestimmen können. Zum Beispiel: statt Coffee-to-go mal ins Café setzen, dafür zehn Minuten früher aufstehen. Morgenmuffel werden das nicht gerne hören. Doch welche zehn Minuten sind wertvoller? Die, die den Unterschied zwischen 7 h 26 min bzw. 7 h 16 min Schlafdauer ausmachen? Oder die zehn Minuten, die den Tag nicht mit unter dem Arm eingeklemmter Aktentasche, verbrannter Lippe und Kaffeefleck auf dem Kragen beginnen lassen, sondern mit einer erholsamen Zeit am Fenster des Cafés mit Blick auf die vorbeihastenden Passanten?

Die Technik ist dein Freund!

Ich mache die Beobachtung, dass Menschen oft auf die Nachteile fixiert sind, die uns die durch Technik spürbar schnelllebigere Welt beschert. Die ständige Erreichbarkeit macht ihnen zu schaffen, der Anspruch schnell zu reagieren, macht sie mürbe. Aber technische Neuerungen haben zweifellos auch Vorteile.

Ich weiß aus eigener Erfahrung, woher das Wort »rödeln« kommt. Früher wurden die Präsentationen nicht per Grafikprogramm erstellt, sondern noch alle per Hand montiert. Die Charts wurden per Tintenstrahldrucker ausgedruckt und zu kleinen Büchlein, den Booklets, zusammengebunden. Dazu wurden auch noch Präsentationspappen geklebt, die Kampagnenmotive oder den Claim zeigten. Weil die Präsentationen damals in der Regel viel strategie- und damit auch textlastiger waren, kamen schnell mal 80, 100 Seiten zusammen. Heute kommuniziert man eher über Bilder, die erzählen mehr als tausend Worte und überzeugen auf der emotionalen Schiene.

> Haptisch wertvoll, aber schlecht für die Nerven.

Natürlich fiel immer genau dann der Drucker aus, wenn die gesamte Mannschaft nachts um halb zwölf um die Tische stand und ausschnitt, heftete, klebte ... Alles in allem war das Ganze am Ende zwar haptisch wertvoll, aber schlecht für die Nerven.

Am schlimmsten aber war das Rödeln. So hieß es, wenn speziell gelochte Seiten in der sogenannten Rödelmaschine mit einer Spiralbindung aus Draht versehen wurden. Generationen von Praktikanten und Studenten haben sich an diesen Drähten die Hände zerschnitten. Auch ich als Chef hab an dem Ding gestanden. Wir haben im wahrsten Sinne des Wortes unser Blut für die Kunden gegeben.

Legendär die Story, als ich mit meinem damaligen Kollegen Stephan eine besonders umfangreiche Präsentation vor einem 30-köpfigen Verbandsgremium hatte. Die 30 gerödelten Booklets hatten eher das Format von Bibeln, Altes *und* Neues Testament, als von Heften. Normalerweise waren wir mit kleineren, eleganten Aktentaschen unterwegs, jetzt hatten die Unterlagen nur in mehreren ausgewachsenen Pilotenkoffern Platz gefunden. Allein schon die Anreise war eine Strapaze. Als wir im Gebäude des Kunden ankamen, war der Aufzug kaputt. Ich hatte mir Beamer und Laptop, damals noch in XXL-Größe, unter den Arm geklemmt, der Dritte trug die Metaplanwand. Stephan musste die zementsackschweren Koffer-Monster in den zweiten Stock hochhieven. Stufe für Stufe. Auf jedem Treppenabsatz machte er mit knallroter Birne und schweißgebadet eine kurze Pause: »Puh«, sagte er dann. Nächster Treppenabsatz. »Puh!« Noch heute erzählen wir uns bei Treffen der Ex-Kollegen diese Story und Stephan bleibt auf Lebenszeit mit dem Spitznamen Puhpuh gebrandmarkt.

| Mit knallroter Birne und schweißgebadet. |

Gut, dass diese Schufterei vorbei ist! Heute versendest du an die Kunden im Voraus eine Mail mit Anhang und hast einen USB-Stick mit dabei. Ich finde: Jenseits aller Nostalgie war das Kleben und Rödeln, das Schleppen und Schwitzen einfach nur nerviger Krempel und alles andere als sinnstiftende Arbeit.

Die Technik macht dich kaputt? Nein, sie hilft dir, macht dein Leben einfacher. Ich freu mich immer wieder darüber, dass ich Bahnverbindungen nicht mehr am Telefon erfragen muss. Früher las eine Stimme vom Band die einzelnen Züge hintereinander vom Fahrplan ab. Los ging es mit den Zügen, die um Mitternacht starteten. Bis ich endlich bei »14.13 Uhr: Eilzug nach Hamburg über Dortmund, Bielefeld und

Hannover« angekommen war, musste ich mich geduldig durch die paar Dutzend Züge, die früher am Tag fuhren, durchhören. Heute gehe ich kurz ins Netz und kann Fahrkarte und Sitzplatzreservierung gleich ausdrucken. Das ist schnell und effizient – und eine große Entlastung.

Du darfst nur nicht die Technik über dich bestimmen lassen, sondern musst sie so nutzen, wie du sie brauchst. Man kann Google Alert auch abschalten – im Urlaub zum Beispiel. Das vergessen viele. Wenn jemand sagt: »Ach, ich hab immer so viele Mails, auch

> Man kann den Google Alert auch abschalten.

im Urlaub«, dann sollte er mal ehrlich hinschauen: Sind das wirklich alles Geschäftsmails? Und wenn der Papa am Strand am Smartphone hängt, spielt der dann nicht aus lauter Gewohnheit *Angry Birds*? Meiner Erfahrung nach hast du nur noch halb so viele Mails, wenn du eBay-Benachrichtigungen und Ähnliches zumindest temporär mal cancelst. Von Brutto- zu Netto-Mails – das ist machbar.

Technik macht unsere Welt schneller, aber sie hilft uns auch, schneller mit unseren Aufgaben fertig zu werden. Wer clever mit Technik umgeht, hat unterm Strich einen Zeitgewinn, den er zumindest zum Teil in Pausen oder Freizeit umsetzen kann. So *erkennt* und nutzt er nicht nur Freiräume, sondern *schafft* sie sich auch.

Unterwegs mit Dr. Frei

Im Herbst 2015 traf ich mich mit einem sehr netten Bereichsleiter der Stadtsparkasse Düsseldorf zum Mittagessen. Meine 10 Ratschläge hatten im Netz gerade für Furore gesorgt und waren auch Thema in unserem informellen Gespräch. Ihm habe ich die folgende schöne Geschichte zu verdanken.

Die langjährige Assistentin eines seiner Großkunden wurde in den Ruhestand verabschiedet. Beim Umtrunk in der Firma herrschte eine gelöste Stimmung und die scheidende Sekretärin, die so lange Zeit unbeirrbare Hüterin der Zeit ihres Vorgesetzten gewesen war, beugte sich zu ihrem ehemaligen Chef hinüber und fragte ihn leise: »Ich habe alle Ihre Geschäftspartner gekannt, wenn nicht persönlich, so habe ich doch am Telefon mit ihnen sprechen können. Nur einen habe ich nie kennengelernt: Dr. Frei. Ich weiß bis heute nicht, wer das eigentlich ist, obwohl Sie doch zwei-, dreimal im Monat einen ganzen Nachmittag für ihn geblockt haben. Jetzt möchte ich doch gern wissen: Wer ist das eigentlich?« Lachend erklärte ihr Chef, was es mit Dr. Frei auf sich hatte. Als leitender Angestellter hatte er schnell die Erfahrung gemacht, dass private Termine die Tendenz zum plötzlichen Verschwinden haben. Bei der verzweifelten Suche nach geschäftlichen Not- und Ausweichterminen springen als erstes die Einträge im Kalender über die Klinge, die »Einkaufen mit meiner Frau« heißen, oder »Basketball-Endspiel meines Sohnes«. Also hatte er Dr. Frei erfunden. Immer wenn »Meeting mit Dr. Frei« im Kalender stand, war das für ihn der Code für »einen Stadtbummel mit der Gattin«, »ein Nachmittags-Kaffee mit der betagten Frau Mutter in der Konditorei« oder auch ein »Studium-Planungsgespräch mit der Tochter«. Als Dr.-Frei-Termin wurde diese Zeit zu einem Punkt auf der Tagesagenda geadelt, der nicht verfügbar war.

Der Code lautet: Dr. Frei

Ich finde diese Geschichte genial. Statt erfolglos zu beklagen, dass es immer die privaten Verabredungen sind, die als weniger wichtig eingestuft werden – das scheint nun mal ein ewiges Naturgesetz zu sein – hat sich jemand diese Tatsache kreativ zunutze gemacht. Statt gegen Windmühlen zu kämpfen und sich jeden Tag aufs Neue darüber zu ärgern, dass Privates zum Abschuss freigegeben ist, hat er seine privaten Termine als geschäftliche »verkleidet«.

Und genau das ist die cleverste Art, Pausen an Land zu ziehen: wie beim Jiu-Jitsu die gegnerische Kraft elegant umlenken und für die eigenen Zwecke nutzen. Statt des Ärgers über das verspätete Eintreffen des Gesprächspartners, ist da auf einmal die Freude über gewonnene fünf Minuten, in denen du kurz abschalten kannst. Wenn dich ein Anruf aus dem Konzept gebracht hat und du Mühe hast, wieder in deine Gedankengänge hineinzufinden: Freu dich! Nimm die Störung zum willkommenen Anlass, gleich mal aufzustehen und durchzuatmen.

Egal ob ein halber Nachmittag, eine halbe Stunde oder eine halbe Minute – es kommt darauf an, dein Leben mit Atempausen zu bereichern, in denen du deine Träume triffst, Inspiration findest und echte Glücksgefühle genießt.

Kapitel 3: Dirigent deines Lebens

Nichts begeistert mich mehr als meine Familie. Deshalb lieber den letzten Flieger oder den Nachtzug zurück nach Hause nehmen, anstatt im Hotel zu übernachten. Das Frühstück mit denen, die wirklich wichtig sind, ist unbezahlbar und der beste Start in den neuen Tag.

Ich fliege viel. Wenn ich am Gate bin, sitzt praktisch immer jemand in Hörweite, der in sein Handy säuselt: »Hallo Schatz! Sind die Kinder schon/noch wach? Ja? Dann gib ihnen einen Kuss von mir. Und sag Marie/Lisa/Emma von mir, dass ich versuche, übermorgen zu ihrer Schulaufführung zu kommen. Ich kann's nicht versprechen, aber die letzte halbe Stunde müsste ich auf jeden Fall noch schaffen.«

> Viel Arbeit, kaum zuhause – falscher Fokus.

Ich höre so etwas fast jeden Tag. Jedes dieser Gespräche enthüllt ein Desaster: Da hat jemand zu wenig Zeit für die Familie, weil ihm der Job wichtiger ist. Auch wenn er oder sie es nicht wahrhaben will: Es ist so. Denn sonst wäre es ja keine Frage, dass er oder sie bei der Schulaufführung mit dabei ist.

Am anderen Ende der Handyverbindung ist der Lebensgefährte, der die kleinen Siege und Sorgen des Alltags nur selten mit seinem Partner teilen kann. Für die Kinder so eines Paares ist das wie Weihnachten und Geburtstag zusammen, wenn sie mal beide Elternteile gleichzeitig für sich haben. Ich weiß, es ist nicht immer einfach, Beruf und Privatleben unter einen Hut zu bekommen, aber so ein Leben als Familien-Satellit – ist es wirklich das, was du willst?

Ich selbst war früher nicht anders. Extrem viel Arbeit, kaum zu Hause, falscher Fokus. Ich war der Entertainment-Daddy, der lustige und schöne Sachen mit der Tochter machte. Wenn er überhaupt mal da war. Immer öfter sagte ich zu meiner ersten Frau: »Hol du Emily ab, ich kann nicht«, »Sorry, bis ich endlich aus dem Büro komme, hat der Getränkeladen schon zu« und »Muss ich wirklich mit zum Kindergartenfest?« Dass ich so getaktet war, bedauere ich. Heute weiß ich: Das Schönste am Familienleben ist das Normale. Sogar das Schleppen von Sprudelkisten. Ich will es nicht verpassen, wenn die Kinder von der Schule erzählen, von ihren Freunden und Abenteuern. Ich will dabei sein, wenn sie aufräumen müssen, stolz ihren ausgefallenen Milchzahn vorzeigen und alle Tricks anwenden, um noch ein paar Minuten länger aufbleiben zu dürfen.

Jedes Frühstück mit meiner Frau und den Kindern ist ein Geschenk, jedes Wochenende, an dem ich nicht reisen muss, koste ich gemeinsam mit ihnen aus. Wenn es irgend möglich ist, verbringe ich die abendliche Stunde von halb sieben bis halb acht mit der Familie. Das ist die Zeit, in der das Familienleben besonders intensiv ist – alle treffen am Abendbrottisch zusammen und die Ereignisse des Tages werden besprochen. Dass die Kinder nicht gleich in Feierlaune geraten, weil ich ihnen beim Zubettgehen eine Geschichte vorlese, freut mich ganz besonders – es ist das Zeichen dafür, dass es für sie ganz normal ist, wenn ich morgens und abends zu Hause bin. Das ist mein Orden an der Brust.

> Das ist mein Orden an der Brust.

Offensichtlich ist es möglich, Zeit für die Familie und gleichzeitig Erfolg im Job zu haben, dafür bin ich der lebende Beweis. Bin ich etwa nur eine Ausnahme, die die Regel bestätigt? Oder kann jeder Mensch beides haben? Dieses Kapitel wird dir diese Frage beantworten. Übrigens: »Familie« kannst du auch ganz allgemein mit »Beziehungen im Privatleben« übersetzen. Auch für diejenigen, die keinen festen Lebenspartner und keine Kinder haben, gilt, dass es noch andere Dinge im Leben geben muss als den Job.

Drei oder vier Streifen?

Dass die Realität so vieler Menschen ganz anders aussieht, als sie es sich wünschen, finde ich furchtbar. 34 Prozent der Berufstätigen sagen: »Meine Familie und Freunde kommen durch den Job zu kurz.« Bei den 36- bis 45-Jährigen sind es sogar 44 Prozent, die den Spagat zwischen Beruf und Familie nicht so hinbekommen, wie sie es sich eigentlich vorstellen. Diese Zahlen stehen in der repräsentativen TK-Studie »Bleib locker, Deutschland«, die 2013 vom Meinungsforschungsinstitut Forsa durchgeführt wurde. Das bedeutet: Sie werden am späten Nachmittag noch im Büro aufgehalten und würden doch viel lieber zu Hause sein. Sie würden gerne jeden Tag mit der Familie in Ruhe frühstücken, stattdessen gehen sie besonders früh zur Arbeit, um nicht den Anschluss zu verlieren. Was treibt sie dazu, ihren Job über alles andere zu stellen und ihre Familie im Stich zu lassen?

Da ist zum Beispiel der Ehrgeiz. Als ich ins Arbeitsleben einstieg, merkte ich bald, dass ich mit meinem hohen Arbeitseinsatz sehr schnell vorankam. Ich genoss den beruflichen Erfolg, aber auch, Geld zu haben, denn ich wollte mir unbedingt teure Marken leisten können. Es war ganz trivial: Für mich lohnte sich der Einsatz, weil ich mir endlich

Adidas-Turnschuhe kaufen konnte. Für den Jungen, dem die Mutter die Turnhose noch mit *vier* Streifen an der Seite selbst genäht hatte – damit war ich die Lach-nummer der Klasse – war das ein Riesenerfolg. Die Rechnung ging auf: viel Einsatz, schnelle Karriere, mehr Luxus.

> Erst mal richtig
> knüppeln ...

Vielleicht ist es ja ganz sinnvoll, in jungen Jahren erst mal ranzuklotzen, um eine Basis für das spätere Familienle-ben zu schaffen. Dann würden sich die ganzen Sprüche be-wahrheiten: »Lehrjahre sind keine Herrenjahre«, »Erst mal richtig knüppeln«, »Als Anfänger musst du Gras fressen« etc. Keine Frage – du musst im Beruf gute Arbeit liefern, nur dann macht es ja auch richtig Spaß. Aber nur wegen Adidas-Schuhen, Steaks statt Ravioli aus der Dose und fünf-lagigem Toilettenpapier alles andere links liegen zu lassen, macht keinen Sinn. Mir fehlten die Lebenserfahrung und die Distanz, um das zu erkennen. Außerdem ist mir erst rückblickend klar geworden, dass mein hoher Einsatz sich zwar auszahlte, ich aber mit einer weniger verbissenen, also entspannteren Haltung sogar noch schneller vorangekom-men wäre. Nicht nur für kreative Arbeit gilt, dass einem in einer gelassenen Stimmung die Arbeit viel leichter von der Hand geht.

Es gibt noch einen zweiten, dem Ehrgeiz sehr ähnli-chen Grund, der Menschen zu stark auf die Job-Karte set-zen lässt: Angst. Das Privatleben wird vernachlässigt, weil man glaubt, auf der Karriereleiter steckenzubleiben, wenn man sich nicht auf den Job fokussiert. Auch dieser Unsinn kommt noch aus der Management-Logik der Achtziger-jahre. Damals lautete das Mantra der Karriere-Coaches:

»Wenn du im Beruf vorankommen willst, musst du ihm alles andere unterordnen.« Wichtig war ein klarer Masterplan, zum Beispiel: In sieben Jahren will ich Partner in der Kanzlei sein. Oder: Nächstes Jahr will ich 15 Prozent mehr verdienen. Niemand hätte im Ernst geraten: »Kümmere dich mal um deine Familie!« Das wurde auch nicht vorgelebt. Nach damaliger Ansicht wäre das ineffizient gewesen. Pure Präsenz zählte. Wer das Licht am längsten anhatte, bekam die Sonderprämie.

> Dieser Unsinn kommt noch aus den Achtzigern.

Heute ist der gesellschaftliche Konsens ein ganz anderer. Das Leben soll ausbalanciert sein, Familie ist nicht mehr nur Sache des Partners, der zu Hause bleibt, sondern liegt in der Verantwortung *beider* Eltern. Und doch wirken die alten Glaubenssätze noch bis in die heutige Zeit. Das gilt nicht nur für karriereverrückte Manager. Quer durch alle Hierarchieebenen herrscht da manchmal noch die Überzeugung, dass man beruflich nicht weiterkommt, wenn die Familie die erste Geige spielt. Dabei ist diese Sorge in den allermeisten Fällen unbegründet.

Barthleber-Alarm

Trainee oder Chef – jeder kennt Situationen, in denen es nicht nach Plan läuft, weil zum Beispiel daheim Papa oder Mama und die Kinder mit Brechdurchfall im Bett liegen. Es gibt Leute, die in solchen Fällen eiskalt zum Termin ins Büro kommen und den kranken Partner mit der Aufgabe allein lassen, die Oma zu organisieren, die mit dem Zug anreisen muss und erst am Nachmittag vor Ort sein kann. Dabei ist es doch völlig natürlich, dass man in so einer

Notsituation daheim bleibt und sich um die Familie küm-
mert. Zumindest solange, bis die Hilfstruppen eingetroffen
sind. Wenn du die Lage offen kommunizierst, wirst du in
der Berufswelt fast immer auf Verständnis treffen. Wir sind
schließlich alle Menschen.

Um nochmal darauf zurückzukommen, dass es hier
nicht nur um Vater-Mutter-Kind-Familien geht: Was ist,
wenn ein guter Freund einen schweren Unfall hatte? Oder
die leicht dementen Eltern irgendwo abgeholt werden müssen, weil sie die Orientierung verloren haben und es allein
nicht schaffen? Wie wirst du reagieren? Ich sehe das so: Es
ist nicht unprofessionell, wenn andere Menschen deine Hilfe brauchen. Unprofessionell ist es, mit solchen Situationen
nicht umgehen zu können und sie wegzudrücken, weil einem keine Lösung einfällt.

Wichtig ist es, deinem Chef und den Kollegen die Lage
ehrlich zu schildern und keine Märchen zu erzählen. Es ist
ganz schön peinlich, mittags mit der Tochter beim Kinder-
arzt gesehen zu werden, wenn man morgens dem Vorgesetzten gesagt hat, dass man mit Grippe zu Bett liegt. Und
vor allem: nicht einfach nur »Ich kann nicht kommen« sagen, sondern eine Problemlösung anbieten. Die folgende
Geschichte zeigt, was ich meine.

Als ich als Kleindarsteller bei der Neuverfilmung von
Winnetou mitmachte, trimmte mich eine Maskenbildne-
rin mit aufgeklebtem Backenbart auf Wild-
West-Look zurecht. Leider bekam ich zwei
Tage später dort, wo sie den Spezialkleber auf-

> Ich sah aus wie
> Quasimodo.

getragen hatte, einen fürchterlichen Ausschlag. Das ganze
Gesicht war zugeschwollen, ich konnte kaum aus den Au-

gen schauen. Genau an diesem Tag aber stand ein wichtiges, hochoffizielles Gespräch auf dem Terminplan. Der Präsident des Branchenverbandes der führenden PR- und Kommunikationsagenturen, ein Verleger und ich wollten einen ersten Eindruck voneinander gewinnen und die geplante zukünftige Zusammenarbeit miteinander besprechen. Der Verleger war zu diesem Zweck eigens aus Österreich angereist. Ich aber konnte unmöglich ins Kölner Büro kommen. Das war eine unangenehme Situation für alle Beteiligten. Kurzfristig absagen? Natürlich nicht! Erst recht nicht mit einer vorgeschobenen 08/15-Entschuldigung wie »grippaler Infekt«, weil es so peinlich ist, wie Quasimodo auszusehen. Ich erzählte also offen von meinem Auftritt als Kleindarsteller und auch davon, was der Allergieschub mit meinem Gesicht angestellt hatte, und schlug vor, dass das Treffen wie geplant im Kölner Büro stattfinden sollte und ich mich von zu Hause aus per Telefon zuschalte. So konnten wir alle Punkte auf der Agenda miteinander besprechen und brachten den Termin doch noch zu einem guten Ergebnis.

Der Clou an dieser Geschichte: Es war überhaupt nicht schlimm, dass dieses Treffen nicht wie am Schnürchen abgelaufen war. Ganz im Gegenteil! Der österreichische Verleger lernte mich von einer besonders menschlichen Seite kennen – und ich ihn auch. Denn er erzählte mir, dass auch er schon mal Probleme mit einem Bartkleber gehabt hatte, weil er einmal im Jahr in einem Kindergarten als Weihnachtsmann auftritt. Das alles hätten wir niemals voneinander erfahren, wenn ich nicht so offen mit meiner allergischen Reaktion umgegangen wäre.

Wenn es menschelt, erzeugt das gerade in einer technisierten Welt eine ganz besondere Qualität. Hab also keine Angst, für Familie, Partner oder für Freunde einzustehen, wenn es darauf ankommt. Es macht dich hinter deiner beruflichen Funktion als Mensch sichtbar und erzeugt eine persönliche Wertschätzung. Und vor allem: Es erlaubt auch deinem Gegenüber, sich als Mensch zu zeigen.

> **Als Mensch sichtbar werden.**

Klare Ansage

Ich habe meinen Job. Und ich habe meine Familie. Beides ist Teil meines Lebens. Die Priorität ist klar: Im Zweifelsfall ist mir die Familie wichtiger als alles andere. Die Frage ist nur: Wann ist der bedingungslose Einsatz für die Familie gefragt, und wann nicht?

Bei mir ist das zum Beispiel so: An den Geburtstagen meiner Kinder arbeite ich nicht, am Ehrentag meiner Frau komme ich früher aus dem Büro und wir machen uns einen besonders schönen Abend ohne die Kinder. Und weil ich selbst auch nicht zu kurz kommen will, gilt das auch für meinen eigenen Geburtstag. Selbst wenn ein besonders lukrativer Pitch auf einen dieser vorsorglich geblockten Termine gelegt würde, stände ich nicht zur Verfügung. Denn diese Tage sind nicht verhandelbar. Meiner Frau zu sagen: »Hör mal, tut mir leid, da ist jetzt ein wichtiger Termin dazwischengekommen, wir holen das nach«, käme für mich nicht infrage. Genauso unvorstellbar wäre es, beim Geburtstag eines meiner Kinder nicht dabei zu sein. Für ein Kind hat dieser Tag eine so unglaubliche Bedeutung! Bliebe ich weg, könnte ich genauso gut sagen: »Du bist mir nicht wichtig genug.«

In anderen Familien sind die Geburtstage vielleicht nicht so heilig wie bei uns. Dafür sind andere Dinge nicht wegzudenken. Frage dich also: »Was sind meine *konkreten* Prioritäten?« Einfach nur zu behaupten »Meine Familie ist mir wichtig« ist Wischiwaschi – genauso gut kannst du sagen: Ich bin für den Weltfrieden. Solche Allgemeinplätze bergen viel zu viel Raum zum Herumlavieren. Da musst du schon genauer sein: *Was genau* am Familienleben ist dir wichtig? Willst du an den Geburtstagen deiner Familie mit dabei sein? Dann tu das. Willst du jeden Sonntagvormittag mit den Kindern einen Ausflug machen? Dann zieh das durch.

> Genauso gut könntest du sagen: Ich bin für den Weltfrieden.

In vielen Unternehmen ist es üblich, dass sich die Mitarbeiter am Anfang jedes Quartals Ziele setzen. »Ich will in meiner Abteilung die Produktion um sieben Prozent steigern« oder »Ich möchte die Anzahl meiner Überstunden auf maximal zehn pro Monat begrenzen.« Nach drei Monaten kommt der Review: Hat das eigentlich funktioniert? Wurden die Ziele erreicht? Wenn nicht: Woran lag es? Und wie kann man es besser machen?

Warum sollen diese Zielvereinbarungen nicht auch im Privatleben funktionieren? Lass dich an deinen Aussagen messen! Konkretisiere deinem Partner gegenüber, auf welche Weise du für die Familie da sein wirst. Unterhaltet euch nach ein paar Monaten darüber, ob ihr zufrieden mit dem Ergebnis seid und wo Verbesserungsmöglichkeiten stecken. So wird aus einem Lippenbekenntnis ein echter Beitrag zum Familienleben.

Gitarre und Balalaika

Ich war mit meiner Frau und meinen beiden kleineren Kindern auf dem Fußballplatz. Vom Spielfeldrand aus schauten wir meinem Sohn Josh beim Fußballspielen zu. Mitten im Spiel rief meine Mutter aus Otterndorf an – in diesen kleinen Ort an der Mündung der Elbe waren wir gezogen, als wir aus Brasilien nach Deutschland zurückgekommen waren; meine Eltern wohnten immer noch dort. Es war ein ganz normales samstägliches Telefongespräch, um uns als Familienmitglieder auf dem Laufenden zu halten. Meine Mutter erzählte, dass an diesem Abend ein Hauskonzert mit Freunden und Bekannten stattfinden würde. Mein Bruder, ein begnadeter Musiker, wollte selbstkomponierte Stücke auf der Gitarre aufführen, begleitet von seiner Frau auf der Balalaika. »Schön«,

> Noch vor dem Abpfiff kam uns die Idee.

sagten wir, »grüß alle ganz herzlich von uns« und schickten noch ein paar Fotos von den Enkelkindern hinterher.

Noch vor dem Abpfiff kam uns die Idee: Wie wäre es, wenn wir uns nach dem Spiel alle miteinander einfach ins Auto setzen und nach Otterndorf fahren? Einfach so. Meine Frau und ich schauten uns an, wägten ab. Über 400 Kilometer. Mit zwei kleinen Kindern. Und am nächsten Tag die ganze Strecke wieder zurück. Wir zögerten. Wäre das nicht zu anstrengend für uns? Und dann die Staus ... Auf der anderen Seite stellten wir uns die Gesichter meiner Eltern vor, es wäre das erste Mal seit langer Zeit, dass die ganze Familie wieder zusammen unter einem Dach sein würde.

Wir machten es.

Abends um 19 Uhr standen wir vor der Tür. Die Überraschung war gelungen, meine Eltern hat es schier umgehauen. Mein Vater, ein eingefleischter Familienmensch, weinte vor Freude. Alle seine drei Kinder mit ihren Ehepartnern und die beiden kleineren Enkelkinder (nur meine Älteste nicht, sie machte zu der Zeit ein Praktikum in New York) im Haus versammelt – für ihn war dies das Größte.

Eine Woche später ist mein Vater überraschend gestorben.

Aus einer spontanen Eingebung heraus hatten meine Frau und ich diesen letzten Tag der familiären Gemeinsamkeit geschaffen. Es war eine Entscheidung von Sekunden, die eine einzigartige Erinnerung schuf, die uns für den Rest unseres Lebens bleibt.

Spontan Tours

Das ganze Leben besteht aus lauter »Soll ich, soll ich nicht?« Und genau darum geht es: Du kannst deine Prioritäten setzen wie du willst – so lange du nicht an jedem einzelnen Tag die Entscheidung triffst, auch danach zu handeln, sind alle vollmundigen Behauptungen nichts wert. Mag sein, dass du manchmal die falsche Wahl triffst. Du sagst zum Beispiel kurzfristig eine Geschäftsreise ab, weil dein Kind sich nicht wohl fühlt und du es nicht in die Schule schicken willst, und eine Stunde später ist es wieder völlig fit. Aber das ist nicht schlimm. Das Grundübel ist, wenn *keine* Entscheidungen getroffen werden. Wir würden es unendlich bedauern, wenn wir an jenem Samstag wie geplant nach Hause gefahren wären, bis zur Abendbrotzeit hin- und herüberlegt und dann gesagt hätten: »Ach, naja, jetzt ist es sowieso zu spät ...«

> Die Aussitzer, die sich weigern, zu entscheiden.

Auch im Berufsleben gibt es die Aussitzer, jene, die sich nicht positionieren, die sich weigern, sich zu entscheiden und darauf warten, dass sich Fragen von allein beantworten. Doch das tun sie nur sehr selten, und wenn, dann oft nicht so, wie man es gerne gehabt hätte. Wenn einer erst sagt: »Hätte ich doch mal ...«, ist es zu spät.

»Raus aus der Rille« hieß einer der Sprüche, mit denen mein Vater meine Geschwister und mich sonntagmorgens aus der gerade beginnenden Gemütlichkeit riss. »So, Kinder! *Spontan Tours*: Heute fahren wir nach Bremerhaven ins Schifffahrtsmuseum.« Natürlich nölten wir Kinder erst ein bisschen herum, wollten nicht aus dem Trott gerissen werden. Aber am Ende des Tages waren wir superglücklich über die Abenteuer, die wir gemeinsam erlebt hatten. Ich bin froh, dass ich mit dieser dynamischen Spontaneität aufgewachsen bin, sie hilft mir heute dabei, auch mal Entscheidungen gegen den Strich zu treffen. Zu entscheiden, zwei verschwitzte Kinder ins Auto zu packen, innerhalb von zehn Minuten zu Hause ein paar Sachen in eine Reisetasche zu stopfen und erst auf der Autobahn mit dem Otterndorfer »Hotel Am Medemufer« zu telefonieren, ob überhaupt noch ein Zimmer für uns frei ist, das kostet Überwindung. Aber es lohnt sich.

Regeln machen das Leben einfach, müssen aber auch hinterfragt werden. »Das macht man doch nicht!« ist nur selten ein guter Grund, etwas nicht zu tun. »Welche Regeln gelten eigentlich für mich?« ist eine Frage, die einen weiterbringt. Welche sind nur »Gewohnheitsrecht« und welche sind tatsächlich unumstößlich? Mit etwas Mut kannst du es

> »Raus aus der Rille« – mit diesem Spruch bin ich groß geworden.

schaffen – gerade im Familienleben –, nicht nur in Notsituationen die Weichen für ein vertrauensvolles Miteinander zu stellen, sondern auch durch spontane, manchmal auch verrückte Entscheidungen genau die ganz besonderen *Moments of Excellence* zu schaffen, die ein erfülltes Leben ausmachen.

Nachts um halb zwei an der Raststätte

Entscheide dich – und bezahl den Preis dafür. Das ist der Garant für ein Leben, in dem Beruf und Familie gemeinsam Platz haben. Für den Genuss, nicht in einem Hotel das 15-Gramm-Butterpäckchen aufreißen zu müssen, sondern mit meiner Familie frühstücken zu dürfen, muss ich manchmal die halbe Nacht durchfahren (nicht so schlimm) und an der Raststätte Fast Food kaufen, weil nichts anderes mehr da ist (kann ziemlich schlimm sein).

Der Antrieb dafür, diesen Preis Tag für Tag zu bezahlen, ist der Wunsch, für meine Familie als zuverlässiger Partner und Vater eine Rolle zu spielen. Papa im Winterurlaub auf der schwarzen Piste, Mama zieht die Kinder auf dem Schlitten durch die Gegend – das wäre für mich eine seltsame Definition von Partnerschaft. Ich sehe mich in erster Linie als *Teil* der Familie, ich will mittendrin sein und nicht nur eine Funktion als »Ernährer« haben, der sich so oft wie möglich aus dem Familien-Alltagsgeschäft herauszieht und lieber das Ganze von außen betrachtet. Deshalb ist es für mich auch alles andere als erstrebenswert, in Berlin in einem Hotel mit flauschigem Bademantel und frischem Orangensaft per Zimmerservice die Ruhe zu genießen, wenn ich weiß, das Leben zu Hause findet ohne mich statt.

Es ist wie im Fußball: Wenn ein Stürmer nicht einsieht, dass er auch Defensivaufgaben übernehmen muss, dann wird ihn sein Trainer in der Regel nicht aufstellen. Da kann er vor dem gegnerischen Tor so gut zaubern wie er will. Beim Konter ist auf ihn kein Verlass. Du musst auch mal gegen den Ball arbeiten, dorthin gehen, wo es weh tut, wenn du das Spiel in seiner Gesamtheit beherrschen willst.

> **Beim Konter ist auf ihn kein Verlass.**

Weil du im Leben nie alles gleichzeitig haben kannst, musst du manchmal auch größere Abstriche machen, als dass regelmäßig der Samstagvormittag für den Großeinkauf draufgeht. Ich hatte immer den Traum, irgendwann in meinem Leben auf der großen Bühne zu stehen. Als Fernsehmoderator am Samstagabend um Viertel nach acht durch die Familienunterhaltung zu führen – das wäre es gewesen! Mit Mitte dreißig war ich so weit, diesen Traum auch zuzulassen. Im Beruf war ich an einem Punkt angekommen, an dem ein Wechsel notwendig geworden war. Ich fragte mich: Warum in eine andere Agentur wechseln? Warum nicht gleich den ganz großen Sprung wagen? Ich überlegte ernsthaft, noch mal umzusatteln. Ich war allerdings schon Ehemann und Vater und brauchte gewisse finanzielle Mittel, um die Familie am Laufen zu halten. Hätte ich einen beruflichen Neuanfang gestartet, dann hätte ich auf Jahre hinaus nur einen Bruchteil verdient. Mir wurde auch klar: Ich hätte früher anfangen müssen. Als Quereinsteiger, der sich um die Ochsentour drückt, würde ich kaum Chancen haben. Ohne Familienanhang hätte ich es wohl trotzdem versucht – was hätte ich schon zu verlieren gehabt?

Hätte, hätte, wäre, wäre ... Ich habe den Preis dafür bezahlt, eine Familie zu haben. Habe ich meinen Traum aufgegeben? Nein, nicht ganz. Mit meinen Auftritten als Schlagerbarde bei Events hole ich mir meinen Teil. Und es ist vollkommen in Ordnung so.

Man vergisst leicht, dass der Preis, den man im Beruf bezahlt, meist viel höher ist. Dort ist mindestens genauso viel Anpassung gefordert wie von einem Familienmitglied, das seine Verantwortung ernst nimmt. Als Angestellter bist du weisungsgebunden. Wenn dein Vorgesetzter dir sagt: »Wir machen das jetzt so«, dann wird es auch so gemacht. Auch wenn heute viel gemeinsam im Team erarbeitet wird, musst du dich doch im Job anpassen, dich einordnen, funktionieren.

Unterm Strich gibt es im Privatleben viel mehr Gestaltungsspielraum als im Beruf; das solltest du nicht unterschätzen. In der Familie bist du dein eigener Programmdirektor. Du entscheidest: Halbmarathon, Marathon oder Sofa? Es gibt etwas zu feiern? Wen lädst du ein? Was kochst du?

> Im Privatleben bist du dein eigener Programmdirektor.

Wenn du mit deinem Lebenspartner einigermaßen auf einer Linie liegst, dann ist dein Privatleben im Vergleich zum Berufsleben ein richtiges Wunschkonzert. Den Preis dafür, eine Familie zu haben, bezahle ich gerne, denn sie macht mein Leben vielfältiger, bunter und damit auch reicher.

Herzensangelegenheiten

Manchmal muss ich abwägen, was das Richtige ist, manchmal sind mir meine Entscheidungen schon in Fleisch und Blut übergegangen. Ich überlege schon gar nicht mehr, wenn ich auswärtige Termine habe: Wenn es irgend möglich ist, fahre ich abends noch nach Hause, um morgens mit meiner Familie frühstücken zu können. Ich mach das für uns als Familie. Aber auch für mich persönlich.

Auch über den Tag hinaus macht ein Privatleben dein Leben ganz, es fängt dich auf, wenn es dir schlecht geht. Was ist, wenn dich irgendwann einmal gesundheitliche Probleme plagen? Dann wirst du dich auf deine Familie stützen können, so wie sie sich auf dich hat stützen können. Oder wenn der Job dir wegbricht? Oft geht die Trennungsbotschaft ja vom Unternehmen aus. Um die Entlassung wird manch Rosenkranz gewunden: »Danke für zwanzig Jahre unermüdliche Mitarbeit« – doch im Kern bedeutet so etwas immer: »Wir brauchen dich nicht mehr.« Manchmal werden die Betroffenen vom Outplacement-Berater gepäppelt, in den meisten Fällen aber fallen sie erst einmal in eine große Leere. Mancher muss ein paar Monate oder gar Jahre überbrücken, in denen es beruflich nicht so gut läuft. Nur wenige stehen das ohne Beistand unbeschadet durch. Wer in solchen Zeiten keine Familie hat, die ihn stützt, ist arm dran. Ein erfülltes Privatleben ist immer auch eine Fallback-Position. Die Gleichung gilt natürlich auch andersherum: Wenn dir dein Lebenspartner abhandenkommt, hilft dein Beruf durch das Gröbste hindurch.

Spätestens wenn der Ruhestand winkt, stehst du vor der Frage: Und jetzt? Martin Winterkorn hatte einmal in einem Interview »intakte Familie, Haus und Garten« als Basis fürs Glücklichsein zu schätzen gewusst. Sechs Jahre später, im September 2015, als er wegen der Abgas-Affäre als VW-

> Nur wenige stehen das unbeschadet durch.

Vorstandsvorsitzender zurücktrat, sagte er: »Volkswagen war, ist und bleibt mein Leben.« Das hat mich erschreckt. Hat er wirklich kein zweites Standbein? Wenn seine Familie tatsächlich nur die zweite Wahl ist, wie sieht dann sein Leben ohne seinen Job aus?

Die Ernte einfahren

Eines bietet dir deine Familie allerdings nicht: einen Ort des Ausruhens und der Gemütlichkeit. Wenn der Lebensentwurf nicht gerade »Patriarch« lautet, warten auf einen weder die angewärmten Pantoffeln noch das Abendessen auf dem Tisch, wenn man vom anstrengenden Job nach Hause kommt. Und trotzdem bedeutet Familie Entspannung und Erholung. Wie ist das möglich?

Familie – oder was auch immer sich in deinem Privatkorridor befindet – gibt dir die Chance, dein Leben rund zu machen. Sie ist Challenge, genauso wie der Job. Mal geht es anspruchsvoll zu, mal trivial. Aber immer vielfältig.

Wenn ich nach Hause komme, schalte ich im Kopf um. Im Familienkosmos muss ich keine Zahlenkolonnen durchhecheln oder Kommunikations-Strategien entwerfen. Hier geht es um ganz andere Themen. Eine durchgebrannte Lampe in der

> Familie ist Challenge, genau wie der Job.

Küche hat hier denselben Stellenwert wie ein Zusammenbruch der IT im Büro. Oder meine Schwiegermutter erinnert mich dreimal in einer Stunde daran, dass morgen bei ihr ein Kaffeekränzchen stattfindet und dass ich ihr noch dringend eine Kiste Wasser besorgen soll. Diese vermeintlich trivialen Themen erden mich. Das Umschalten im Kopf lässt mich den dringend benötigten Abstand zur Job-Welt gewinnen. Der Erholungsfaktor liegt darin, dass ich die Rolle wechseln und auf andere Gedanken kommen kann.

Ich will im Konzert meines Lebens nicht nur die Triangel spielen, noch nicht einmal die erste Geige würde mir genügen. Nein, ich will der Dirigent sein, der entscheidet: *Jetzt* ist das Cello dran – und *jetzt* die Oboe.

Kapitel 4: Zieh es durch!

Abendessen mit Geschäftspartnern minimieren. Es gibt abends nix zu besprechen, was man nicht auch beim Lunch erledigen kann. Statt Business-Dinner lieber ins Kino mit der Gattin, Kicker mit den Kids vorm Einschlafen spielen oder entspannt Fußball auf Sky schauen.

Mein Job ist nicht alles in meinem Leben. Ich will keine Einteilung meiner Lebenszeit in Arbeitswoche einerseits, in der ich erst so spät nach Hause komme, dass dort die Lichter schon ausgegangen sind, und Wochenende andererseits, an dem ich versuche, alles nachzuholen, was ich von Montag bis Freitag an Familienzeit und eigener Freizeit verpasst habe. Das wäre mir zu wenig. Außerdem wären dann der Samstag und der Sonntag ja noch dichter getaktet als die übrige Woche! Wo soll da die Erholung bleiben? Nein, so stelle ich mir mein Leben nicht vor. Es soll austariert und vielfältig sein.

Zeit für meine Kinder, meine Frau und auch für mich zu haben, und zwar zumindest jeden Morgen und jeden Abend, das ist eine meiner Key-Prioritäten. Leider befindet sie sich auf direktem Kollisionskurs mit den vielen abendlichen Geschäftsessen, die in meiner Branche üblich sind. Auch mein Beruf besteht ja zu einem gewissen Teil daraus, Beziehungen zu anderen aufzubauen und zu pflegen, dies geschieht vielfach auf informellem Wege. Aber es wurde mir einfach zu teuer: zwei-, dreimal die Woche ein abendliches Geschäftsessen, manchmal in Köln, dann war ich vor halb elf nicht wieder daheim. Oder in Hamburg, Berlin, München oder sonst wo, das hieß dann Anreise am Nachmittag, Abendessen, Übernachtung im Hotel, morgens Rückfahrt, direkt ins Büro ... Der Preis: ein komplett verlorener Familientag.

Ich wollte nicht mehr, dass andere mit Abendterminen ungefragt in meine persönliche Freizeitgestaltung eingreifen. Ich fällte die Entscheidung: Schluss mit den Abendessen. Denn Prioritäten, die du dir setzt, haben nur dann einen Sinn, wenn du sie auch in die Realität umsetzt. Einfach nur wünschen funktioniert nicht. Es ist einer der am häufigsten wiederholten Sprüche aus dem Selbstmanagement-Bereich: Setz dir Ziele und zieh sie konsequent durch.

> Wünschen allein reicht nicht.

In der Theorie ist das immer ganz einfach ...

Reduce to the Max

Als ich durchsetzte, dass es für mich keine abendlichen Geschäftsessen mehr gibt, fiel mir das relativ leicht. Als Agenturchef saß ich an einem relativ langen Hebel, mein Spielraum in dieser Angelegenheit war vergleichsweise groß. Ich musste einfach nur Fakten schaffen. Zu sagen: »Will ich nicht! Mach ich nicht!« reichte natürlich nicht. Weil es nun mal zu meinen Aufgaben gehört, mich mit Geschäftspartnern in entspannter Atmosphäre zu treffen, um auf informellem Wege Dinge zu klären, sorgte ich für eine Alternative. Die hieß: Business-Lunch statt Abendessen. Trug jemand eine Terminanfrage für abends in meinen offenen Terminkalender ein, lehnte ich ab und schlug ein Treffen zum Mittagessen vor. Nur selten kamen Rückfragen: »Kannst du abends echt nicht?« Doch, ich hätte schon gekonnt. Aber ich wollte nicht.

Mein Vorgehen wurde vielfach mit Verwunderung aufgenommen. Das ist schließlich so gelernt und einge- speichert: Geschäftsessen finden abends statt.

> Open End, weil nur das Hotel auf einen wartet.

Meine Weigerung brachte die Leute zum Nachdenken. Schnell lernten sie es zu schät- zen, dass ja auch sie einen Abend mehr für ihre Familie oder ihre Freizeit hatten. Außerdem ist meiner Erfahrung nach die Verfügbarkeit mitten am Tag viel höher, Treffen mit mehreren Beteiligten zum Lunch können des- halb viel zeitnaher verabredet werden, als wenn man sich mühsam auf einen Termin am Abend einigen müsste. Und noch einen Vorteil haben die Business-Lunchs: Statt drei, vier Stunden an einem Abend mit Open End – schließlich wartet ja nur das Hotelzimmer auf einen – ist ein Mittages- sen von eineinhalb Stunden intensiver und ergiebiger. Ei- nige meiner Geschäftsfreunde ließen sich von meiner Idee anregen, es genauso zu handhaben. »Es ist wie eine Befrei- ung«, sagte mir einer. Ja, genauso empfinde ich es auch.

Heute habe ich statt fünfzig, sechzig Abendterminen im Jahr nur noch neun oder zehn; das sind meist Galas, Preis- verleihungen oder Firmenfeiern, die sich beim besten Wil- len nicht verlegen lassen. Der Preis, den ich dafür bezahle: Ich mache nur selten eine echte Mittagspause. Entweder schaffe ich im Büro bei meinen berüchtigten Körner-Käse- brötchen einen guten Teil meiner Arbeit weg, weil mich in der Mittagszeit niemand stört. Oder ich bin bei einem Busi- ness-Lunch. Das ist kulinarisch zwar etwas stilvoller, aber pure Erholung ist so ein Geschäftstermin am Restauranttisch nicht. Doch unterm Strich habe ich genau das, was ich will: Ich bin abends bei meiner Familie. Und zwar dann, wenn die Kinder noch nicht im Bett sind. Ich möchte Zeit für meine Frau haben und – last but not least – auch Zeit für mich. Denn diese drei Variablen bestimmen die Gleichung meines Lebens: Zeit für meinen Beruf, Zeit für andere (in meinem Fall sind das im Wesentlichen meine Frau und meine Kinder) und Zeit für mich.

Raumwunder

Ich. Andere. Beruf. Natürlich ist dieses Trio nicht zu jeweils einem Drittel auf meine Lebenszeit verteilt. So wie bei den meisten Vollzeitbeschäftigten ist mein Job schon von der reinen Stundenzahl her stärker vertreten als die beiden anderen Lebensinhalte. Andere verbringen vielleicht 70 Prozent

> Jeder hat seinen ganz individuellen »Fingerabdruck«.

ihrer Zeit mit Kinderbetreuung, 10 Prozent sind für den Nebenjob reserviert, zum Beispiel einmal in der Woche die Buchführung für eine kleine Werkstatt erledigen. Und wieder andere nehmen sich viel Zeit für sich selbst – damit meine ich natürlich nicht nur Sky schauen. Neben der Erholung gehört in diesen Bereich auch alles, was zur persönlichen Entwicklung beiträgt. Das kann das Fitness-Studio genauso sein wie ein ehrenamtliches Engagement. Bei der Verteilung von »Ich – Andere – Beruf« hat jeder Mensch seinen ganz individuellen »Fingerabdruck«.

Eines aber ist klar: Je stärker eine dieser drei Variablen gewichtet wird, desto mehr werden die übrigen an den Rand gedrängt oder nähern sich sogar der Null. Dabei ist es nicht immer nur der Beruf, der das Privatleben auffrisst. Es kann auch ganz anders sein. Zum Beispiel: Die Familie lässt keinen Raum für die eigene Entwicklung, oder der Fokus ist so stark auf die Freizeit ausgerichtet, dass das berufliche Weiterkommen zu kurz kommt. Weil ich so nicht enden will, achte ich darauf, dass die drei Drehpunkte meines Lebens gut austariert sind, in einer Mischung, die für mich passt. Um das zu erreichen, nutze ich jeden Spielraum, der mir zur Verfügung steht.

Es gibt natürlich auch die Fälle, in denen es für mich weniger Bewegungsfreiheit gibt, als in dem Beispiel mit den abendlichen Geschäftsessen. Als meine beiden kleinen Kinder noch im Kindergarten waren, war das Leben für uns Eltern ein Stück weit einfacher. Die Bringzeit von halb acht bis neun Uhr ließ uns genug Luft, es easy anzugehen. Wenn die Kleinen verschlafen waren, ließen wir sie einfach noch ein Stündchen im Bett. Hatte ich keinen frühen Termin im Büro, konnte ich auch mal etwas länger daheim die Kinder genießen. Im Vergleich zu heute waren das geradezu paradiesische Zustände. Sobald aber der Ältere in die Schule kam, war es damit vorbei. Denn die erste Stunde fängt um 8.15 Uhr an, ohne akademische Viertelstunde. Statt »Irgendwann in der nächsten halben Stunde sollten wir mal losgehen« hieß es jetzt: »In drei Minuten ist Abfahrt!«

Was den Schulbeginn angeht, hatten wir keine Alternative. Jedenfalls keine, die sich mit unseren anderen Prioritäten vertragen hätte – unserem Sohn zu vermitteln, dass es egal ist, wenn er zu spät kommt, kam nicht infrage. 8.15 Uhr ist gesetzt. Zero Toleranz. Dafür haben wir uns an anderer Stelle Spielraum verschafft: Um die wertvolle gemeinsame Zeit am Früh-

> 8.15 Uhr ist gesetzt. Zero Toleranz.

stückstisch zu erhalten, stehen wir eine halbe Stunde früher auf.

Wer seine Prioritäten konsequent umsetzen will, muss sich immer wieder mit den eigenen Verantwortungen und den äußeren Bedingungen auseinandersetzen. Sie sind es, die den zur Verfügung stehenden Spielraum begrenzen. Doch gerade dann, wenn die Bewegungsfreiheit nicht sehr groß erscheint, darf man keinen Quadratzentimeter ungenutzt lassen.

Dienstags-Pizza

Nach der Trennung von meiner ersten Frau litt ich vor allem darunter, dass ich meine Tochter nur noch selten sah. Sie war acht Jahre alt, als ich auszog. Es lief so, wie es meistens läuft: Nur noch jedes zweite Wochenende und einen Teil ihrer Ferien konnten wir zusammen verbringen. Mir fehlte bitter das ganz normale Miteinander während der Woche.

Eines Tages hatte meine Tochter eine Ballettaufführung. Nachmittags, mitten in der Woche, an einem Dienstag. Ich hatte damals schon einen sehr anspruchsvollen Job. Dazu kam, dass ich in Düsseldorf arbeitete, aber – genauso wie Ex-Frau und Tochter – in Köln wohnte. Trotzdem wollte ich unbedingt mit dabei sein. Ich schaffte es irgendwie, den Termin freizuhalten und durfte miterleben, wie meine Tochter zum ersten Mal auf einer Bühne stand. Ich war dabei, als sie ernst und stolz und furchtlos und schüchtern und wunderschön ihre Schritte tanzte. Und vor allem: Ich war mit ihr zusammen. Als ich abends wieder allein nach Hause fuhr, wusste ich: »Ich will mehr davon!«

»Ich will mehr davon!«

Ich kam ins Grübeln: Wie wäre es, wenn ich jede Woche einen Nachmittag gemeinsam mit meiner Tochter verbringen könnte? Meine Ex-Frau hatte nichts dagegen, ihr kam ein freier Nachmittag ganz gelegen. Aber wie sollte ich das mit meinem Job hinbekommen?

Ich hätte nun sagen können: »Ich hätte das zwar gerne, aber es geht nun mal nicht, meine Arbeit lässt das nicht zu.« Aber war das wirklich so? Ich machte einen Test. Für den folgenden Dienstag schichtete ich die Arbeit um, arbeitete am Vorabend länger, war am Dienstag schon morgens um sieben im Büro und fuhr dann zu Beginn der Mittagspause von Düsseldorf zurück nach Köln. Es klappte. Und es war großartig. Schon allein, dass ich sie von der Schule abholen konnte, war für mich ein Erlebnis. Denn das hatte ich zuvor noch nie getan. Vor dem Schultor auf sie zu warten, zu sehen, wie sie voller Freude die Treppen hinunterrannte, ihr den Schultornister abzunehmen, das alles war für mich eine Premiere. Wir aßen zusammen Pizza, machten im Restaurant die Hausaufgaben, gingen dann noch ins Kino und erlebten gemeinsam mit Harry Potter große Abenteuer. Ich war happy, meine Tochter auch. Der Test war ein voller Erfolg. Danach habe ich den »Daddy-Dienstag« dauerhaft eingeführt. Jeder einzelne war für uns beide voller *Moments of Excellence*. Jahrelang hielten wir es so. Später weiteten wir unsere Papa-Tochter-Zeit sogar noch aus, ich brachte sie nicht am späten Nachmittag zu ihrer Mutter nach Hause, sondern fuhr sie am nächsten Tag direkt in die Schule. Doppelte Zeit – doppeltes Glück!

Ich weiß, ohne das Verständnis und die Mithilfe meines damaligen Chefs wäre es nicht gegangen. Ich bin ihm noch heute dafür sehr dankbar. Doch wie gesagt: Das Problem einfach auf einen anderen abladen, geht nicht. Ich habe meinen Teil zur Lösung beigetragen. Erstens: Ich habe meinen Chef gefragt, so hatte er Gelegenheit, Stellung zu beziehen. Zweitens: Ich

> **Problem einfach nur abladen geht nicht.**

zeigte einen Weg auf, wie ich den Ausfall an Arbeitszeit ausgleiche, so konnte er mich in dieser Sache unterstützen.

Die Geschichte hatte ein Nachspiel. Wenige Jahre später befand sich mein Vorgesetzter, inzwischen zum Europa-Chef der Agentur aufgestiegen, in derselben Lage wie ich zuvor: Scheidung ... Kinder nur an jedem zweiten Wochenende ... große Sehnsucht nach normalem Alltag mit ihnen ... Weil sich das neue Arbeitszeitmodell bei mir bereits bewährt hatte, konnte er es kopieren. Dieses Mal für sich selbst. Selbstredend unterstützte *ich* nun *ihn* dabei, aus seinem prall gefüllten Terminplan einen freien Nachmittag für seine Kinder abzuzwacken. So hatte er sich am Ende selbst einen Gefallen getan, als er mir damals große Freiheiten in der Arbeitszeitgestaltung ließ.

Auch das habe ich bei dieser Geschichte gelernt: Ungewöhnliche Lösungsmodelle brauchen ungewöhnliche Menschen, die sie mittragen und den Mut aufbringen, Neues auszuprobieren.

Kleine Bissen

Konsequent zu sein wird oft übersetzt mit: »Umgehend harte Schnitte machen«. Paradebeispiel ist der Angestellte, der sich mit Kollegen oder Vorgesetzten überwirft und sich die Genugtuung gönnt zu rufen: »Mit mir nicht! Ich gehe!« Wahnsinnig konsequent! Gut fürs Ego, aber oft nur kurzfristig.

Ich ärgere mich über Leute, die aus einer Kurzschluss-entscheidung heraus kündigen. In der Agenturbranche, in der oft am Limit gearbeitet wird und die Nerven öfter mal blank liegen, ist das gar nicht so selten. Doch so brutal Konsequenz manchmal auch sein kann und muss, sie bedeutet nicht, in einer Hauruck-Entscheidung das, was einem nicht passt, über den Haufen zu schmeißen. Konsequent wäre es, sich zu sagen: »Hier ist nicht mehr der richtige Platz für mich« und dann den Ausstieg mit ruhiger Vernunft vor-anzutreiben. Wer sich aus einer Festanstellung heraus nach einem anderen Job umsieht, hat in der Regel gute Chancen. Wer aber erst mal ein paar Monate lang ohne Erfolg Bewerbungen geschrieben und sein Netzwerk vergeblich abgefragt hat, dessen Hochgefühl schwindet schnell und Katerstimmung macht sich breit. Vor allem, wenn die Verantwortung für eine Familie da ist, sehe ich so eine Hard-core-Konsequenz als hochproblematisch an.

Um zu erreichen, was du dir vorgenommen hast, musst du nichts überstürzen. Meiner Erfahrung nach gibt es kein berufliches Problem auf der Welt, das du nicht strukturiert lösen kannst. Warum ein nicht einzuschätzendes Risiko eingehen, wenn die

> Hochproblematische Hardcore-Konsequenz.

Durchsetzung deiner Prioritäten auch mit einem kalku-lierbaren Risiko zu haben ist? In einer frühen Phase deines Lebens kannst du noch waghalsige Entscheidungen treffen. Doch je älter du wirst, desto mehr Verantwortung wirst du in der Regel anderen Menschen gegenüber haben. Das können die Mitglieder deiner Familie sein, aber auch die Mitarbeiter deines Unternehmens, deine Freunde, deine Teamkollegen im Sportverein etc.

Manchmal ist der Happen zu groß, um ihn auf einmal schlucken zu können. Um dich persönlich oder die Menschen um dich herum nicht zu überfordern, kannst du die konsequente Umsetzung auch in kleine Häppchen unterteilen. Das Beispiel mit dem freien Nachmittag für meine Tochter zeigt das.

Ich verlangte nicht von jetzt auf gleich ein neues Arbeitszeitmodell, sondern installierte erst mal einen bestimmten Ablauf, brach logistische Zwänge auf. Ich startete ein Pilotprojekt in Form *eines* Dienstages und zeigte: Es funktioniert. So konnte ich einen Keil in Vorurteile und Glaubenssätze treiben, wie: »Das geht doch nicht! Das hat es doch noch nie gegeben! Dafür wird niemand Verständnis haben!« Schritt für Schritt arbeitete ich daran, den freien Dienstagnachmittag durchzusetzen.

Wäre der Pilot-Dienstag eine Katastrophe gewesen, wäre kein großer Schaden entstanden. Es hätte ja sein können, dass meine Tochter mit dem Hin und Her zwischen Mama und Papa überfordert gewesen wäre. Oder im Büro wäre es trotz aller Vorarbeit zu einem Chaos gekommen. Dann hätte ich den Daddy-Dienstag in der Versenkung verschwinden lassen können und mir eine Alternative überlegt.

Überschaubarer Rahmen – überschaubare Verluste. Das ist die Geheimformel für das konsequente Umsetzen deiner Prioritäten. Sie hilft dir, nicht in vorauseilendem Gehorsam einzuknicken und den vorhandenen Spielraum voll auszureizen. Wenn du dann eine Änderung bis zum Ende durchgezogen hast, ist das ein wunderbares Gefühl. Du hast etwas verändert, vielleicht nur eine Kleinigkeit, aber

> Überschaubarer Rahmen – überschaubare Verluste.

das Leben ist für dich ein Stück weit besser geworden als zuvor.

Raue Gegenwinde

Konsequenz braucht Fingerspitzengefühl. Andererseits gibt es Situationen, in denen du deine eigenen Interessen auch gegen Widerstand durchsetzen musst. Manchmal musst du dich und deine Entscheidungen anderen zumuten.

Nach Abschluss der Schule Mitte der Achtziger hatte ich wie jeder junge Mann in Deutschland die Wahl: entweder 15 Monate Bundeswehr oder 20 Monate Zivildienst. Weil ich so schnell wie möglich die Journalistenschule in München besuchen wollte, kam nur die Bundeswehr in Frage. Mit fünf Monaten Zivildienst mehr hätte ich den Eintrittstermin im darauffolgenden Herbst verpasst und ein weiteres Jahr verloren. Ich entschied mich also für den »Dienst an der Waffe«. Als ich meine Entscheidung ganz nebenbei beim Abendessen verkündete, hat meinen Vater fast der Schlag getroffen. Für ihn als eingefleischten Pazifisten war es unvorstellbar, dass sein Sohn freiwillig zu den Soldaten ging. Er hätte sich glühend gewünscht, dass ich den Weg eines Kriegsdienstverweigerers gehe. Wochenlang versuchte er alles, um mich »auf den richtigen Weg« zu bringen. Es gab heftige Auseinandersetzungen – »Mit dieser Einstellung bist du ja wohl kaum mein Sohn« – doch ich blieb fest. Für mich war es eine rein rationale Entscheidung; ich war nicht bereit, ein Jahr mehr als unbedingt nötig zu verplempern, um meinem Vater einen Gefallen zu tun.

Auch wenn meine Bundeswehrzeit nicht gerade ein Highlight meines Lebens war, konnte ich doch wie geplant die Journalistenschule beginnen. Mit meinem alten Herrn hat sich irgendwann alles wieder eingerenkt. Dass ich auf die Journalistenschule ging, fand er toll, er schluckte dafür die Kröte, dass sein Sohn freiwillig beim Bund gewesen war.

Konsequent zu sein ist ein steiniger Weg. Wer ihn geht, muss bereit sein, andere zu enttäuschen. Vielleicht ist es ein Trost, dass du sowieso nicht Everybody's Darling sein kannst. Selbst wenn du versuchen solltest, es allen recht zu machen – irgendeiner meckert immer.

> Du kannst niemals Everybody's Darling sein.

Wenn du dein eigenes Leben leben willst und nicht das von anderen, darfst und musst du deine eigenen Prioritäten durchsetzen. Egoistisch ist das nicht. Davon, dass ich keine Abendtermine für Geschäftsessen mehr mache, habe ich etwas und meine Familie auch.

Ein weiteres Beispiel dafür, dass man manchmal durch seine Konsequenz andere vor den Kopf stößt und es aushalten muss: Neulich meldete sich ein Kunde im Dezember und wollte am 6. Januar zum Briefing einladen. Das ist so ein typischer Doch-noch-reingequetscht-Termin. Jeder weiß, dass in vielen Unternehmen zwischen Weihnachten und Dreikönig, wenn überhaupt, nur mit halber Kraft gearbeitet wird. Ich fragte herum: Fast alle für den Termin erforderlichen Mitarbeiter hatten an diesem Tag noch frei. Natürlich hätte die Agentur die Urlaube des Teams verkürzen können, es wäre nicht das erste Mal gewesen. Aber war das auch in diesem Fall wirklich nötig? Nein. Deshalb war meine konsequente Antwort: »Sorry. Erst ab dem Wochenende nach Dreikönig können wir Ihnen die Top-Leute schicken, die Sie verdient haben. Vorher leider nicht.«

Das Verständnis des Kunden für diese Entscheidung hielt sich in Grenzen. »Dann können wir Ihre Agentur bei der Auftragsvergabe leider nicht berücksichtigen.« Tja, damit wären wir raus gewesen. Aber diesen Preis mussten wir nicht einmal bezahlen. Zwei Wochen später kam wieder ein Anruf: »Es haben sich gewisse Änderungen ergeben. Wir können nun doch einen späteren Termin mit Ihnen in Erwägung ziehen. Wann passt es Ihnen?«

> Tja, damit wären wir raus gewesen.

Nichts ist in Stein gemeißelt

Das kennt jeder: Du nimmst dir vor, mehr Sport zu machen. Das muss nicht am Neujahrstag sein – um diesen Wunsch zu wecken, reicht es, wenn du auf den Parkhaustreppen ins Keuchen kommst.

Irgendwann war es auch bei mir so weit. »Ich muss dringend was tun!«, dachte ich. Am einfachsten für mich war es, den Crosstrainer meiner Frau mitzubenutzen. Fortan bestieg ich morgens um 6:30 Uhr vor Duschen, Dress-up und Familienfrühstück das Gerät. 30 Minuten Powertraining – ziemlich langweilig. Um es mir einfacher zu machen, legte ich mir den »Kicker« so vor mich auf das Gerät, dass ich ihn beim Trainieren lesen konnte. So schaffte ich mir den nötigen Anreiz, mein Vorhaben durchzuziehen. Es lief wie am Schnürchen. Monatelang tänzelte ich um halb acht gut durchblutet und bestens gelaunt ins Erdgeschoss zu Frau und Kindern, wo ich für meine eiserne Konsequenz gelobt wurde.

Dann kam Fee, unsere kleine Französische Bulldogge. Auf einmal war es vorbei mit dem Frühsport. Denn ihre

Aufwach- und Gassi-Zeiten passten nicht in unser perfekt ausbalanciertes Timing. Weil meine Frau neben der morgendlichen Kindergarten- und Schullogistik nicht auch noch den Hund übernehmen konnte, musste ich schweren Herzens runter vom Crosstrainer und meine Pflichten als Hundepapa übernehmen. Gepasst hat mir das gar nicht. Mein schöner Zeitplan war dahin.

Wie heißt es so schön: »Nichts ist beständiger als der Wandel.« Konsequent zu sein bedeutet immer auch, bereit für ein Change-Management zu sein. Wenn du deine Prioritäten konsequent umsetzt, gibt es keine dauerhafte Geling-Garantie. Der Trost:

> »This is not a wish concert.«

Es findet sich immer ein Weg. Ich steige nun nicht mehr morgens, sondern abends auf den Crosstrainer, wenn die Kinder im Bett sind. Morgens hat es mir persönlich besser gefallen, aber »*this ist not a wish concert*«, wie Fußballtrainer Jürgen Klopp einmal sagte.

Konsequenzen-Polonaise

Konsequenzen haben Konsequenzen. Dass ich zum Beispiel jeden Abend nach Hause zu meiner Familie fahre, zieht einiges nach sich. Zum einen, dass mein Familienleben sehr harmonisch ist. Denn das ist ja immer wieder eine Liebeserklärung: »Ich setze mich ins Auto, in die Bahn, ins Flugzeug, weil ihr mir wichtig seid.« Eine weitere Folge ist aber auch, dass ich seit einigen Jahren keinen Alkohol mehr trinke.

Ein wesentlicher Grund für diesen Entschluss (das war noch vor meiner konsequenten Ablehnung von Abendterminen), war: Ohne Alkohol im Blut konnte ich jederzeit von jedem Event abends nach Hause fahren. Wie hätte ich sonst meine Priorität »Morgens mit der Familie frühstücken« auch umsetzen können? Außerdem hatte ich keine Lust mehr darauf, nach einem gemütlichen Abend unter Freunden am nächsten Tag nicht fit zu sein – man muss ja nicht gleich unmäßig getrunken haben, um die Auswirkungen des Alkohols am nächsten Morgen noch zu fühlen. Am Wochenende war es besonders hart: Meine Frau erwartete zu Recht Kümmerzeit des Vaters, und die Kinder waren und sind *early birds*. Zu oft musste ich mich morgens um sechs mit Aspirin in den Tag kämpfen.

Die Nur-ein-kleines-Gläschen-Nummer kam nicht infrage, denn ich kenne mich gut genug um zu wissen, dass aus einem kleinen Absacker dann doch zwei und mehr werden, wenn ich mir zu viel Leine gebe. Für mich galt bei dieser Entscheidung: entweder ganz oder gar nicht.

> Mein Arzt jubiliert.

Also bin ich komplett auf alkoholfreies Bier und alkoholfreie Weine umgestiegen. Anfangs fiel es mir schwer, auf ein gutes Glas Wein zu verzichten. Aber dann wurden all die Vorteile sicht- und spürbar. Zunächst einmal: Mein Arzt jubiliert. Ohne Alkohol geht es mir richtig gut, ich bin körperlich und auch im Kopf viel frischer. Das schönste Kompliment bekam ich kürzlich auf einer Karnevalssitzung: »Mensch Franky, du bist ja ohne Alkohol lustiger als die meisten anderen mit.«

Zweitens: Der Alkoholverzicht verschafft mir einen Gewinn an Lebensqualität. Einmal, weil ich meine Priorität, mit der Familie zu frühstücken, jederzeit umsetzen kann. Aber auch die abendlichen oder sogar nächtlichen Fahrten zurück nach Köln haben eine andere Qualität bekommen.

Eines Abends fuhr ich im Mietwagen von einem geschäftlichen Treffen in Richtung Bremer Flughafen. Ich hatte die letzte Maschine des Tages nach Köln gebucht, draußen war es stockdunkel und ich freute mich darauf, im Flugzeug eine Stunde lang abschalten zu können. Da hörte ich im Radio, dass der Flug von Bremen nach Köln gestrichen worden war. Ich überlegte: in Bremen ein Hotelzimmer buchen und den ersten Flug morgens früh nehmen? Das wäre die bequemste Lösung gewesen. Ich wählte die Alternative und fuhr mit dem Mietwagen gleich nach Hause durch. Ich machte es mir mit Ina Müller gemütlich. Auf der Straße waren kaum noch Autos unterwegs, und ich glitt wie in einem rollenden Konzertsaal Richtung Süden. Hätte ich beim vorangegangenen Treffen ein Glas Wein getrunken, wäre das keine gute Idee gewesen; auch wenn ich selbstverständlich unter dem Promille-Limit geblieben wäre. So aber fühlte ich mich klar und fit, die dreieinhalb Stunden auf der Autobahn waren im Nu herum. Ich genoss die Autofahrt so sehr, dass ich sogar meine Ausfahrt verpasste – Ina hatte mich ganz in ihren Bann gezogen. Am Ende war es ein richtiger Glücksfall gewesen, dass der Flug storniert worden war.

Und noch von einer dritten Folge möchte ich hier berichten. Wie gesagt: Auf »Cloudy Bay«, meinen Lieblings-Sauvignon blanc, verzichten zu müssen, fiel mir schwer. Aber auch beim Thema »Verzicht auf Alkohol« habe ich den Positivmodus gefunden. Ich habe mich inzwischen zum absoluten Experten für nichtalkoholische Getränke entwickelt.

> Auch in diesem Fall habe ich den Positivmodus gefunden.

Ich weiß, wo es feine Weine ohne Alkohol gibt, die, wenn sie schön kalt sind und der Kopf positiv geschaltet ist, fast so gut schmecken wie normaler Wein. Auch die alkoholfreien Biere werden immer besser. Kleiner Tipp: Mach mal eine Blindverkostung – du wirst dich wundern! Außerdem habe ich Wasser als Genussmittel entdeckt und kann als »Mineralwasser-Sommelier« die Unterschiede zwischen norwegischen, tasmanischen und Eifel-Wässern herausschmecken.

Mir macht es großen Spaß, mich geschmacklich auf unbekanntes Terrain vorzuwagen, Neues zu entdecken. Auch dies ist für mich eine deutliche Steigerung der Lust am Leben. Ich habe die Erfahrung gemacht, dass es mir Energie bringt, konsequent zu sein. Wie in einer Kettenreaktion greifen die Veränderungen um sich. Manchmal ist es so, als würden sich all die kleinen Stolpersteine zu einer gepflasterten Straße zusammenfügen, die mir den Weg durchs Leben leichter macht.

Einen kleinen Nachteil will ich aber nicht verschweigen. Bis heute muss ich immer wieder erklären, ja, mich geradezu rechtfertigen, warum ich nicht trinke. Egal ob berufliche Gala-Veranstaltung oder privates Abendessen mit Bekannten, immer wieder raunt mir jemand zu: »Hattest du Probleme? *Musstest* du aufhören?« Dass jemand freiwillig konsequent auf Alkohol verzichtet, liegt für viele Menschen außerhalb ihres Erfahrungshorizontes.

Spinnen im Keller

Was haben die Sängerin Adele und der Politiker Franz Müntefering gemeinsam? Beide haben bewiesen, dass ihnen ihre Familie wichtiger ist als der Job. Adele ließ sich vier Jahre Zeit, bis sie 2015 ihr drittes Album vorstellte. Sie zeigte sich unbeeindruckt vom kommerziellen Druck, möglichst schnell nach ihren ersten beiden extrem erfolgreichen Alben ein drittes Album vorzulegen. »Sorry, dass es so lange gedauert hat«, schrieb sie, als es endlich so weit war, auf Facebook ihren Fans. »Mir ist das Leben dazwischengekommen.« Das Leben – das ist ihr Sohn Angelo.

Franz Müntefering trat im Herbst 2007 als Minister und Vizekanzler zurück, um seine an Krebs erkrankte Frau in ihren letzten Lebensmonaten zu betreuen und ihr nahe sein zu können. Ein Jahr zuvor waren sie aus Berlin nach Bonn gezogen, weil die Behandlung in der dortigen Uniklinik stattfand. Müntefering hatte also einen weiten Pendelweg auf sich genommen. Seine Entscheidung traf auf Verständnis und auf großen Respekt.

> »Mir ist das Leben dazwischengekommen.«

Auch ich war tief berührt, als ich von seiner Entscheidung erfuhr. Er war in meiner Wahrnehmung der erste, der ein ungeheuer wichtiges Amt innehatte und trotzdem für sich festlegte: Etwas in meinem Leben ist *noch* wichtiger.

Das Leben ist nicht bis ins Letzte planbar und schreibt seine eigenen Geschichten. Das können Krankheiten, Verluste, persönliche Katastrophen sein, aber auch positive Entwicklungen wie unverhoffte Karrieresprünge oder Familienzuwächse. Du musst davon ausgehen, dass es in deiner Vita wahrscheinlich ein-, zweimal zu Situationen kommt, die alles völlig durcheinanderwirbeln. Deine Pläne werden über den Haufen geworfen und du musst die Aufgabe, die sich vor dir auftürmt, annehmen. Wie würdest du dich entscheiden? Würdest du im Beruf zurückstecken? Wärst du bereit, für deine Frau, für deinen Mann in eine andere Stadt umzuziehen? Es gibt kein Richtig und Falsch bei solchen Entscheidungen. Es ist aber gut, zu wissen, wo du stehst.

Du musst auch nicht in jeder Falte deines Lebens konsequent sein. Nur Pedanten sind das. Die legen sich selbst bei Kleinigkeiten ins Zeug. Sie wachen darüber, dass der Nachbar sein Auto richtig parkt, bestehen in der Bahn auch dann auf dem von ihnen reservierten Sitzplatz, wenn der Zug fast leer ist. Aber ist so etwas wirklich das, woran du dich in deinem Leben aufreiben willst?

Nur Pedanten sind immer konsequent.

Ich bin genau dort konsequent, wo meine Prioritäten liegen. Alles andere ist Rock'n Roll. So bleibe ich entspannt und kann mich auf die wichtigen Fragen konzentrieren, die für mein Leben Bedeutung haben. Ich kann auch viel konsequenter sein, wenn ich nicht zu viele Baustellen im Auge behalten muss.

Seit ein paar Jahren haben meine Frau und ich uns vorgenommen, den Keller aufzuräumen. Bis jetzt ist uns aber immer etwas Besseres für die Wochenenden eingefallen. Belastet es uns, dass dort unten immer noch ungenutzte Kleinmöbel, Schlitten und Osterschmuck wild durcheinanderfliegen? Überhaupt nicht. Ist doch wurscht, ob der Keller zugemüllt ist. Bis jetzt haben wir noch alles gefunden, was wir gesucht haben. Irgendwann wird es eine Notwendigkeit geben. Wahrscheinlich wird der Startschuss zur Aufräumaktion fallen, wenn im Haus die Zimmer getauscht werden – die Kinder werden größer ... Der Plan steht schon. Dann werden wir ein Familienereignis daraus machen. Mit staubiger Kleidung, Spinnweben im Haar und einer fetten Familienpizza nach getaner Arbeit.

Auch das werden wir hinbekommen. Irgendwann. Aber bis dahin genießen wir es, einfach nur entspannt und glücklich zu sein und unser austariertes Leben zu lieben.

Kapitel 5: Zurück in die Zukunft

Hol dir den Happiness-Kick von früher zurück. Fast jeder hat in der Kindheit glückliche Momente erlebt. Wenn Mama die Lieblingsspielzeuge inzwischen verschenkt hat – hol sie dir auf eBay. Das Matchboxauto von damals auf dem Schreibtisch lässt einen jede noch so langweilige Telefonkonferenz spielerisch überstehen.

Es gibt die Momente im Leben, in denen alles ganz leicht ist. Ein tolles Konzert, deinen Kindern abends eine Gute-Nacht-Geschichte erzählen, in deinem Beruf genau das machen dürfen, weshalb du ihn gewählt hast: einen Menschen von seinen Schmerzen befreien, eine neue Computeranwendung zum Laufen bringen, in aller Ruhe an deinem Schreibtisch einen Garten planen. Manchmal denkst du: Wenn es doch nur immer so sein könnte.

Aber ganz gleich, wie toll dein Job ist und wie sehr du deine Familie und deine Hobbys liebst: Es gibt immer auch die andere Seite der Medaille. Ich weiß

> **Keine Kür ohne Pflicht.**

nicht, ob es jemanden gibt, der wirklich gerne und aus tiefstem Herzen den Familien-Großeinkauf übernimmt, das Bad putzt oder im Fußballverein Liegestütze als Krafttraining macht. Auch im Arbeitsleben hat jeder Aufgaben, die er am liebsten weit wegschieben würde, aber ohne die es nun mal nicht geht. Die Krankenschwester hat Nachtdienste, der Installateur muss manchmal Abflüsse reinigen. Einige Büroangestellte hassen es, irgendwelche Quartalslisten zusammenzustellen, andere müssen sich dazu zwingen, vor Publikum Präsentationen zu halten.

Keine Kür ohne Pflicht, das ist nun mal so im Leben. Wenn du noch im Hochgefühl schwelgst, die Ursache für die langjährigen Beschwerden deines neuen Patienten gefunden zu haben, da wartet auch schon der unsägliche Papierkram auf dich. Bevor du das Computerprogramm zum Laufen gebracht hast, musstest du einen Rückschlag nach dem anderen aushalten, an manchen Tagen nach Hause gehen, ohne auch nur einen Schritt vorangekommen zu sein. Und nach der Planung des Gartens kommt unweigerlich der Teil, wo du die Handwerker beim Anlegen der Wege und Beete beaufsichtigen und dich mit Spätfrösten und falsch gelieferten Mauersteinen herumschlagen musst.

Das ist ja der Fehler an all den Work-Life-Balance-Modellen, von denen man hören und lesen kann. Schon die Grundannahme ist falsch: Der Graben verläuft nicht zwischen Beruf (nervig, belastend) und Freizeit (endlich kann ich machen, was ich will), sondern quer durch dein *gesamtes* Leben zwischen Dingen, die du gerne machst, und denen, auf die du gut verzichten könntest. Das Nervige, Triviale, das ist die Pflicht. Alles andere ist die Kür.

Meiner Erfahrung nach geht die Kür von ganz allein, ich gewinne sogar noch Energie daraus. Wenn ich mit meiner Familie ein tolles Wochenende in Bad Segeberg bei Winnetou und Old Shatterhand verbracht habe oder das Team eine punktgenaue Strategie für einen Kunden entwickelt hat und ich weiß: »Das ist richtig gut!«, dann fließen meine Akkus geradezu über vor Kraft und Energie.

> Fit für die unbequemen Seiten des Lebens.

Aber hält dieses Hochgefühl lang genug an, um ungeliebte Notwendigkeiten besser zu ertragen? Ich will es nicht darauf ankommen lassen. Denn so wie jeder andere auch muss ich Dinge tun, die mir keinen Spaß machen. Weil ich keine Lust habe, mich durch solche Stunden zu quälen, mache ich mich mit einer anderen Methode fit für die unbequemen Seiten des Lebens.

Reifenspuren auf dem Schreibtisch

Alles was mit Zahlen zu tun hat, ist für mich eher langweilig. Ziffernkolonnen interessieren mich nicht. Mir ist natürlich klar, dass es ohne Zahlen nicht geht, und ich bin heilfroh, dass es Leute gibt, die mit Exceltabellen so richtig in Fahrt kommen. Für mich aber ist das nichts. Drei Stunden über Ideen, Strategien, Kampagnen reden dürfen, das ist reine Wellness. Drei Stunden über Quartalsziele und Umsatzzahlen reden müssen, ist für mich eine Qual. Schon allein deswegen, weil man gerade in der Kreativbranche mit ihren dynamischen Projekten nicht alles in Zahlen ausdrücken kann.

Wenn ich so eine mehrstündige Telefonkonferenz mit einem guten halben Dutzend Beteiligten habe, bei dem sich meine Gesprächspartner wieder mal in den Untiefen von Fremd- und Strukturkosten verlieren – »... schaut mal auf Chart 53, da seht Ihr die Zahlen aus Quartal III zusammengefasst ...« – nehme ich meinen Matchbox-Daktari-Jeep in die Hand und lasse ihn auf dem Schreibtisch herumfahren. Hinten auf der Ladefläche ist ein gelber Löwe, kaum fingernagelgroß, der sich, angetrieben über die Bewegung der Achsen, im Kreis

> Ich spiele, damit ich bei der Sache bleiben kann.

dreht. Nicht dass wir uns missverstehen: Ich spiele nicht mit dem Auto, um aus einer langweiligen Situation auszusteigen. Ich spiele mit ihm, damit ich bei der Sache bleiben kann! Denn dieses kleine Auto macht mich glücklich. Und weil ich glücklich bin, bin ich nicht gelangweilt. Ohne den Daktari-Wagen müsste ich mich sehr anstrengen, nicht irgendwann abzuschalten. Weiterer Nebeneffekt: Ohne Daktari wären diese Telefonate gefühlt doppelt so lang.

Ich weiß, es hört sich ein bisschen verrückt an, wenn ein erwachsener Mensch sagt, dass ein Spielzeug aus seiner Kindheit ihn fit für einen anstrengenden Arbeitstag macht. Aber es funktioniert. Lange Zeit habe ich das ganz automatisch gemacht. Erst als ich die »10 ernsthaften Ratschläge, wie man lockerer durchs (Berufs-)Leben kommt« schrieb und darüber nachdachte, was mich glücklich und gelassen macht, ist mir überhaupt bewusst geworden, wie sehr dieses kleine Auto zu meinem Wohlbefinden beiträgt. Was passiert da eigentlich mit mir? Ich muss kein Neurobiologe sein, um zu wissen, dass ich einfach happy bin, wenn ich es in der Hand halte. Aber *warum* bin ich es?

Flashback

Ich muss das Auto mit dem Löwen nur auf dem Schreibtisch herumfahren, und schon öffnet sich das Fenster zu meiner Kindheit. Manchmal bekomme ich eine richtige Gänsehaut, immer aber ist da ein positives Lächeln in mir drin. Es ist, als wäre ich daheim in Otterndorf. Dort hatte mein Vater, der viel lieber Architekt als Lehrer geworden wäre, nach unserer Rückkehr aus Brasilien unser Haus gebaut. Es sah aus wie ein Schiff, ohne

> Das positive Lächeln in mir drin.

einen einzigen rechten Winkel. Und blau angemalt war es auch noch. In einer Zeit, als Einfamilienhäuser noch so auszusehen hatten wie Das-Haus-vom-Nikolaus, hat unser Bau Furore gemacht. Die Leute reisten aus Bremen und Hamburg an, um ihn sich von außen anzusehen.

In diesem Haus hat unser Vater mit uns zusammen Piratenbetten gebaut, legte sich zu uns auf den Boden, um mit uns zu spielen. Das Beste aber war für uns die Spielecke im Alkoven unter dem Dach. Dort mussten wir nicht jeden Abend aufräumen, unsere Phantasiewelt wurde nicht allabendlich zerstört. Hatten wir zum Beispiel ein ganzes Diorama mit unseren Cowboy- und Indianerfiguren aufgebaut, konnten wir am nächsten Tag nahtlos weiterspielen. Die Geschichten, die wir uns ausdachten, konnten dadurch komplizierter, tiefer und kreativer werden. Oft spielten wir ein selbst erfundenes Spiel, das wir einfach nur »Stadt« nannten. Jedes von uns drei Geschwistern besaß ein Land, mit Grenzzäunen und eigener Regierung. In allen Facetten transportierten wir die Realität samt komplettem Wirtschaftskreislauf in unsere Alkoven-Welt: Handel, Währungen, Kreditkarten, Schulen, Krankenhäuser, Flughäfen ... Meine Schwester konzentrierte sich allerdings lieber auf ihren Bauernhof. Mein Bruder und ich kauften ihr das Vieh ab, um für unsere Einwohner genug zu essen zu haben. Wir bauten zu ihrem Entsetzen sogar einen Schlachthof, in dem ihre Plastikkühe »verwurstet« wurden: Oben steckten wir die Kuh hinein, unten kam ein roter Legostein heraus.

Mein Bruder Ulf, eineinhalb Jahre jünger als ich, war in meiner Kindheit auch mein bester Freund und Spielkamerad. Ich war Winnetou, er Old Shatterhand. Wenn ich verrückte Ideen hatte, sorgte er als brillanter Techniker für die Umsetzung. Als wir mit der alten Super-8-Kamera von Onkel Eberhard Spielfilme drehten – zum Beispiel »Ronson, die schwarze Bestie aus dem All«, mit unserem schwarzen Kater Mogli in der Hauptrolle – schrieb ich das Drehbuch und Ulf sorgte für die Special Effects. Weil wir so verschieden waren, waren wir ein unschlagbares Team.

Erst viel später ist mir klar geworden, was für ein großes Glück es für uns Kinder war, dass meine Eltern uns diesen Freiraum ließen. Unterm Dach und auch sonst überall. Ich bin heute noch voller Freude über die unglaubliche Kreativität, die wir entfalten durften. Im Vergleich zu den Phantasiewelten, die wir als Kinder erschaffen und erleben durften, sind die heutigen Playstation- und Digital-TV-Gummizellen einfach nur armselig.

Wenn ich an meine Zeit als Kind denke, dann hat das nur sehr wenig mit Nostalgie zu tun. Ich verkläre nicht und ich verzehre mich auch nicht nach den »guten alten Zeiten« Warum auch? Ich fühle mich im Hier und Jetzt sehr wohl. Aber die Spielzeuge, mit denen ich früher so intensiv gespielt habe,

> Sich erfrischt wieder in den Erwachsenen-Alltag einklinken.

setzen in mir unglaubliche Mengen an positiver Energie frei. Die guten Gefühle, die ich damals im Alkoven unterm Dach hatte, mache ich mir heute mit Matchboxautos und Co. wieder zugänglich. Das Fenster in die Kindheit muss nur für ein paar Sekunden geöffnet sein, das genügt schon. Dann kann ich die Gardine wieder zuziehen und mich erfrischt und gestärkt wieder in meinen Erwachsenen-Alltag einklinken.

Ich wünsche jedem, dass er ähnliche Momente in seinem Leben abgespeichert hat, die er als Erwachsener anzapfen kann und die ihm die Tage heller machen. »Ja, der Behrendt hat Glück mit seinem Elternhaus gehabt«, wird jetzt vielleicht jemand sagen, »der hatte eine glückliche Kindheit; aber viele andere haben dieses Glück eben nicht.« Ich frage mich: Ist das wirklich so?

Otterndorfer Chic

Ich denke, dass meine Kindheit ziemlich normal war. Auch wenn ich großartige Eltern hatte, war nicht alles super. Mein Leben hatte auch nervige Seiten, Rasenmähen oder die Apfelernte zum Beispiel. Auch an dramatischen Tiefen hat es nicht gefehlt. Mit dreizehn, vierzehn Jahren wollte ich wie jeder andere Junge cool sein. Doch irgendwann fiel auf, dass ich im Unterricht immer mit zusammengekniffenen Augen vor der Tafel saß. Also schleppte meine Mutter mich zum Optiker. Man kann sich vorstellen, wie überschaubar Mitte der Siebzigerjahre das Angebot an Brillengestellen für Jugendliche war. Dass wir nicht nach Bremerhaven, sondern zum Otterndorfer Optiker auf der Dorfstraße gingen, verringerte meine Chancen auf eine halbwegs tragbare Sehhilfe auf einen Wert nahe Null. Meiner Erinnerung nach standen drei Modelle zur Auswahl. Eines scheußlicher als das andere. Meine Mutter griff gleich nach der dicken Hornbrille. Ich schaute mich im Spiegel an und sackte zusammen: unfassbar hässlich! Ich sah aus wie der letzte Kasper. Als ich meine Mutter Jahrzehnte später fragte, warum sie mir das angetan hatte, sagte sie:

> Heute wieder schick, aber damals ein Todesurteil.

»Ach weißt du, mit der sahst du so intelligent aus. Wie aus einem Truffaut-Film.«

Heute sind Hornbrillen wieder in, aber damals waren sie ein Todesurteil. Mit dem Ding auf der Nase schämte ich mich in Grund und Boden. In der Hoffnung, bei den Mädchen nicht völlig durchzufallen, zog ich die Brille natürlich sofort aus, sobald ich aus dem Sichtbereich meines Elternhauses war.

Lustige Geschichte – aber nur aus heutiger Sicht. Für mich war die Sache damals traumatisierend. Ich habe echt gelitten. Und nein, ich war als Jugendlicher nicht selbstbewusst. Das kam erst später. Nichts hat mich geschützt. Ich war zwar kein Außenseiter, aber durch die Kindheitsjahre in Brasilien waren da auch keine gewachsenen Freundschaften aus der Grundschule. Die Sache mit der Brille war also wirklich nicht witzig gewesen. Genauso wenig wie die selbstgenähten Anziehsachen und der zu große Anzug vom Vetter, den ich zu meiner Konfirmation tragen musste.

Meine Grundfröhlichkeit hat verhindert, dass ich mit Komplexen beladen ins Erwachsenenalter kam. Dass ich meine Erinnerungen an meine Kindheit als unerschöpfliche Energiequelle nutzen kann, lässt sich also nur zum Teil damit begründen, dass es objektiv eine Menge Geschichten gibt, die ein warmes Gefühl in mir auslösen. Der eigentliche Grund liegt darin, dass ich positiv gestrickt bin. Meine Aufmerksamkeit gilt den guten Dingen. Wenn wir heute im Familienkreis alte Fotoalben anschauen, dann lachen wir uns über die alten Bilder scheckig.

Am Pluspol

Die positive Grundeinstellung zum Leben habe ich von meinen Eltern geerbt. Meine Mutter ist ein echter Sonnen-schein, für sie gibt es statt Probleme immer nur Lösungen. Als wir für einen mit der Super-8-Kamera gedrehten Western ihr schönes Blumenbeet aushoben, um den Silbersee anzulegen, blieb sie ganz gelassen. »Besser als vor der Flimmerkiste rumsit-zen«, sagte sie, freute sich über die gut umgegrabene Erde und pflanzte den See nach den Dreharbeiten kurzerhand wieder zu. Auch mein Vater verspürte nicht die geringste Lust, sich als Lehrer nerven zu lassen, weder von faulen Schülern noch von unvernünftigen Eltern. Wenn er nach Hause kam, hatte er immer eine erfreuliche Geschichte pa-rat. »Der Martin hat mich heute richtig überrascht«, zum Beispiel, oder: »Heute war so schönes Wetter, da haben wir den Unterricht draußen abgehalten.«

> Der Silbersee im Garten.

Um unangenehme Dinge auch für uns erträglicher zu machen, inszenierten sie Abenteuer. Zum Beispiel, wenn es auf Verwandtschaftsbesuch von Otterndorf nach Karlsru-he ging. Kein Kind hockt gerne stundenlang im Auto und schaut aus dem Fenster. Wie lang kann man Ich-sehe-was-was-du-nicht-siehst spielen? Also packten wir daheim alles Nötige ein, um auf einem Rastplatz an einem Grillfeuer un-ser Mittagessen braten zu können. Das hielt uns bei Laune und machte die Fahrt zu einem großen Abenteuer.

»Wo bitte bleibt das Positive?« war bei uns daheim die Devise. Diese Einstellung habe ich auch heute noch. Wenn ich weiß, dass nachmittags um drei ein total wichtiges, aber auch total langweiliges Meeting bevorsteht, dann freue ich mich darauf, dass ich mich mit meiner Frau um acht Uhr zu einem schönen Abendessen verabredet habe.

Andere Menschen, die nicht so positiv wie ich gestrickt sind, würden ihre Kindheit vielleicht nur mit der furchtbaren Hornbrille verbinden und noch im Nachhinein leiden. Vielleicht sogar den Eltern Vorwürfe machen, bis an deren Lebensende auf den Versäumnissen herumreiten und sie für das eigene unglückliche Leben verantwortlich machen. Das sind diejenigen, die sich später durch ihre Tage durchbeißen müssen und schon morgens über den blöden Termin am Nachmittag jammern. Sie reden sich die Sache schlecht und sind fixiert auf das Unangenehme. Mit dieser Polung wird das Negative nur verstärkt. Das zieht nicht nur sie selbst runter, sondern auch alle anderen, mit denen sie in Kontakt kommen. Denn schlechte Laune ist genauso ansteckend wie gute.

Für mich dagegen ist das Glas immer randvoll. Alles eine Frage der Perspektive. Das ist nicht neu, ich weiß. Aber mein Optimismus lässt mich die ungeliebten Momente tatsächlich leichter durchstehen. Das macht mein Leben leicht und mich gelassen.

Stationen deines Lebens

Es muss nicht immer die Kindheit sein. Andere haben andere Kraftorte, die sie anzapfen, um ihre positive Einstellung zu füttern. Einmal saß ich bei einem wichtigen Telefonat eines Kunden als Berater dabei. Mein Kunde legte sein Handy neben das Bürotelefon, mit dem Display nach oben. Ich dachte: »Was macht der da?« Dann sah ich, dass eine App private Fotos von sei-

>»Großartig! Der hat raus, wie es geht!«

ner Familie, seiner Freizeit in Endlosschleife zeigte. »Großartig«, dachte ich, »der hat raus, wie es geht!« Und wirklich! Die gelegentlichen Blicke meines Klienten auf sein privates Smartphone lenkten ihn nicht ab, sondern machten ihn wunderbar entspannt und gelassen, selbst an den kritischen Punkten des Telefonats blieb er extrem souverän.

Ich komme in meinem Berufsleben weit herum. Deshalb sehe ich viele Schreibtische. Fast jeder hat da etwas Persönliches stehen, einen Positiv-Trigger. Manchmal sind das schön gerahmte Fotos – vom Hund, von der Familie, von einem Ferienaufenthalt … Es ist ein Klischee, so ein Foto auf dem Schreibtisch, aber nicht immer ist das bloße Deko. In vielen Fällen hat es genau die Funktion, die mein Matchboxauto erfüllt: Es ist die Pipeline zu einem positiven Gefühl. Ein Blick auf das Lächeln des Lebenspartners, und schon geht es mit Schwung weiter. Andere haben kleine Indoor-Golfmatten, auf denen sie das Putten üben. Oder einen Kickertisch. Oder ein Zen-Gärtchen mit einem Kiesbett, in das sie mit einer kleinen Harke Muster ziehen. Ich habe das mal ausprobiert: beruhigend. Manche malen herum, wenn sie telefonieren oder in einem Meeting sitzen: Phantasiemuster, Ranken, Blumen … Ich merke dann, wie sie in einen entspannten Modus kommen. So was reicht oft aus, um schnell ein positives Gefühl zu erzeugen und mit einem besseren Gefühl durch unangenehme Termine zu kommen.

Da sind allerdings auch die richtig langen spaßbefreiten Zeitabschnitte. Die kann zum Beispiel eine alleinerziehende Mutter erleben, bis ihre Kinder in den Kindergarten gehen und sie endlich ein wenig Luft bekommt. Es kann auch

eine schwere Krankheit sein, eine längere Phase des Miss-
erfolgs oder ein durch und durch anstrengendes Projekt. So
etwas musst du über viele Monate oder gar einige Jahre aushalten können. Es durchstehen.

> Kontrastprogramm
> für Durststrecken.

Mit ein bisschen Kritzeln auf dem Papierblock
oder Kiesharken geht das kaum. Da müssen die Türöffner
zu deinen positiven Gefühlen schon mit echten Leidenschaften unterfüttert sein.

Auf der Internetseite des Deutschlandfunks vom Mai
2011 kannst du von Horst Seehofers Reich im Keller seines
Ferienhauses lesen: eine riesige Modelleisenbahn. Fünfzehn
Jahre lang hatte er bis dahin an ihr gebaut. »Wenn ich hier
bin, schalte ich von einer Sekunde auf die nächste total ab«,
wird er zitiert. »Da bin ich wirklich ich selbst.« Seine Stati-
onen als Landwirtschaftsminister und Gesundheitsminister
hat er in Form von Fachwerk-Bauernhaus und Krankenhaus
in die Modelleisenbahnlandschaft integriert. Man kann also
wirklich sagen: Neben der Politik ist auch diese Leidenschaft
sein Leben. Ich stelle mir vor, wie er im Verlauf von unange-
nehmen Diskussionen hin und wieder an seine Landschaft
im Keller denkt. Und wer weiß? Vielleicht hat er ja auch eine
seiner Märklin-Lokomotiven auf dem Schreibtisch stehen?
Ich bin überzeugt, dass ihm dieses »Kontrastprogramm zur
Politik« über längere Durststrecken hinweghilft.

Die Frage ist: Was sind *deine* Leidenschaften? Wo liegen
deine Reserven vergraben?

Eine ganze Welt aus Spritzguss

Da steht er. Zwei Colts, blaues Fransenhemd, braunes Hols-
ter, schwarzer Hut. Mein blauer Cowboy von Timpo Toys

ist fünf Zentimeter hoch und aus Plastik. Ich stecke diesen Botschafter meiner Kindheit und meiner Wild-West-Leidenschaft oft als Glücksbringer in die Tasche. Er hat mich noch nie im Stich gelassen.

Timpo Toys sind die Playmobil-Figuren von gestern. Es gab Ritter, Römer, Wikinger und mehr. Für mich galt aber nur der Wilde Westen. Der blaue Cowboy hat eine ganze Menge Kollegen: Indianer, US-Kavalleristen, Sheriffs, Bankräuber – zu Fuß, zu Pferd, rennend, stehend, sich anschleichend ... Dazu Tipis, Planwagen, Marterpfähle, Postkutschen, Kanus und vieles mehr. Eine ganze Welt aus Spritzguss, mit vielen aufwändig gestalteten Details. Sie ist für mich der Inbegriff meiner Kindheit. Und meine Leidenschaft. Ich muss diese Figuren nur anschauen, und in mir werden 10.000 Watt positive Energie freigesetzt.

Warum der Wilde Westen? Ich liebe Winnetou. Ich bin mit den Geschichten über den edlen Apachen aufgewachsen. Wenn es im brasilianischen Sommer draußen nicht mehr auszuhalten war, mussten wir uns ins Haus zurückziehen. Aber selbst dort, in der relativen Kühle, wurde man um die Mittagszeit herum ganz schlapp. Zeit für das »Mittagspäuschen«. Ich erinnere mich gut daran, wie unser Vater uns dann stundenlang im abgedunkelten Zimmer Geschichten erzählt hat. Von Helden wie Siegfried und Odysseus, aber auch von Winnetou. Für uns war das pure Magie. Als wir zurück in Deutschland waren, sahen wir die Winnetou-Filme im Fernsehen. Kaum vorstellbar, mit welcher Leidenschaft und Inbrunst wir die Geschichten verfolgten, wie sie unser Spiel befeuerten. Die Schallplatten mit den Hörspielen konnten wir bald auswendig. Auf dem Cover waren Fotos von Bad Segeberg. Stundenlang malten wir uns aus, wie es dort sein würde.

Als unsere Eltern endlich mit uns die langersehnten Ausflüge zu den Spielen in Bad Segeberg und Elspe unternahmen, war es wie das Paradies. Das Charisma von Pierre Brice, das Füttern der Pferde mit Mohrrüben nach der Vorstellung, die Naturkulisse, das alles war Live-Event pur und hat sich in mir eingebrannt. Wir bekamen nie genug von diesen Highlights, und ich fahre auch heute noch – jetzt mit meinen Kindern – jedes Jahr wieder mit Begeisterung dorthin.

Du siehst: Winnetou auf allen Kanälen. Selbst im Real Life, wenn wir im Wald zelteten und ein Lagerfeuer machten, war der Apache im Herzen bei uns. Die berühmte Titelmusik der Karl-May-Filme von Martin Böttcher ist heute mein Klingelton. Ich

> Der edle Apache ist im Herzen immer bei uns.

bekomme immer noch Gänsehaut, wenn er ertönt. Kann es eine bessere Voreinstimmung für ein Telefonat geben?

Eine Leidenschaft für kleine Plastikmännchen – das ist nicht nur Spielerei. Denn es gibt bei mir keine Trennung in eine Kindheit mit Indianerspielen und in ein Erwachsenenleben, in dem man diese »Albernheiten« hinter sich gelassen hat. Genauso ist es, wenn du zum Beispiel eine Leidenschaft fürs Malen hast. Sie durchzieht dein Privat- und Berufsleben. Wenn es stressig wird, sorgt der Gedanke an die Bilder, die du gemalt hast und die du noch malen wirst, für Distanz zum Geschehen. Er beamt dich für eine Sekunde in ein besseres Land. Es ist wie ein kurzer Stopp an einem Rastplatz. Eine kleine Pause genügt und du kannst mit frischen Kräften wieder auf die Autobahn.

Meine Leidenschaften – nicht nur die für den Wilden Westen – bilden einen untrennbaren Teil meines Lebens. Sie sind in meinem Blutkreislauf. Sie machen mein Leben intensiver, ausgeglichener und breiter aufgestellt. Privat und auch beruflich. Ohne meine Timpo Toys bin ich nicht zu haben, andere Menschen bekommen immer nur das Gesamtpaket. Familie, Freunde, Mitarbeiter – und auch Kunden, wie die nächste Geschichte beweist.

Kleine Männchen in meinem Sakko

Vor einigen Jahren setzte das Unternehmen Weber Grill zum großen Sprung an. Aus dem recht trivialen Produkt »Grill« sollte ein Premium-Produkt mit Lifestyle-Botschaft werden. Jede PR-Agentur war heiß darauf, das Unternehmen auf diesem Weg zu einer starken und sichtbaren Marke, einer sogenannten Love Brand, zu begleiten. Es winkten großes Renommée und auch ein ordentliches Budget.

Die Konkurrenz war stark, drei Top-Agenturen waren noch im Rennen. Unsere Präsentation sollte vor dem damaligen Deutschland-Chef Hans-Jürgen Herr, der Leiterin der Unternehmenskommunikation und dem Marketingleiter stattfinden. Da hatte ich eine Idee. Statt nur eine der üblichen Powerpoint-Präsentationen vorzubereiten, packte ich auch ein paar meiner Timpo-Figuren ein.

Die Weber-Grill-Leute zogen die Augenbrauen hoch, als ich das Ensemble sorgfältig auf dem Tisch anordnete: vier, fünf Indianer im Federschmuck an einem Lagerfeuer mit rot-gelb bemalten Flammen, im Hintergrund Tipi und Marterpfahl. Fragend schauten sie mich an. Dann begann ich zu er-

> Der Vortrag war hochemotional – und er kam an.

zählen: vom Lagerfeuer als kommunikativem Mittelpunkt von Gemeinschaften, weil hier die Menschen zusammenkommen. Von seiner Magie und davon, dass es im modernen Leben keine Lagerfeuer mehr gibt. Als Ersatz diente höchstens noch »Wetten dass ...« als Fernsehereignis, das die Familie zusammenruft und Gemeinschaft erzeugt. Und dann gab ich einen Ausblick auf die Zukunft: der Weber-Grill als neues Lagerfeuer, als Zentrum der Geselligkeit, das die Familienbande stärkt. Papa am Grill, Familie, Freunde, rundherum lachend, genießend, in die glühenden Kohlen schauend. Der Vortrag war hochemotional – und er kam an. Hans-Jürgen Herr schaute ganz versonnen. Er nahm einen der Indianer in seine Hand, drehte ihn hin und her und lächelte, als er sagte: »Ich habe früher selber mit diesen Figuren gespielt.«

Drei Tage später kam die Nachricht, dass wir den Pitch gewonnen hatten. Der PR-Ansatz »Weber-Grill, das neue Lagerfeuer« hatte begeistert und überzeugt. Die folgende PR-Kampagne war sehr erfolgreich, und Hans-Jürgen Herr hat die kleinen Figuren jetzt in seinem Berliner Büro stehen.

Versteckte Leidenschaften

Hochgezogene Augenbrauen – eine Reaktion, auf die ich öfter stoße, wenn ich von meinen Plastikmännchen erzähle. Dabei ist es gar nicht so selten, dass sich gestandene Erwachsene mit Botschaftern aus ihrer Kindheit beschäftigen. Aber wer gibt schon preis, dass er auch mit dreißig, vierzig Jahren Fußballbildchen sammelt? Weil es als infantil und damit als Zeichen der Schwäche gedeutet wird, sich mit

»Kinderkram« zu umgeben, traut sich kaum jemand, das zuzugeben. Mit sechzig würde so eine Beichte dann schon wieder als »Alterstorheit« abgetan.

Als ich der breiten Öffentlichkeit in einer großen Handelsblatt-Story »gestanden« hatte, dass ich mit Wild-West-Figuren spiele, brachte das ein wenig Bewegung in die Ansichten darüber, was reputationsstrategisch clever ist und was nicht.

```
Dir kann ich es
ja sagen ...
```

Nun konnte es bei einem Business-Lunch passieren, dass mein Gegenüber mir mit glänzenden Augen sagte: »Dir kann ich's ja sagen – bei mir sind es Schuco-Autos.«

Es ist schon merkwürdig: In jedem Sprüche-Kalender steht, wie wichtig es ist, authentisch zu sein. Jeder stimmt dem zu, aber kaum jemand traut sich. Bei mir ist das anders: Wenn jemand zu mir sagt, dass ich wie ein großes Kind sei, dann ist das wie ein Ritterschlag für mich.

Der damalige Deutschland-Präsident der Polygram – heute Universal Music – zum Beispiel hat mir diesen Ritterschlag verliehen. Dort war ich unter anderem verantwortlich für die Kinder-Hörspiele, die unter dem Label »Karussell« vertrieben wurden. Mein Team hatte für den Handel ein Spielhaus aus Pappkarton entwickelt, das »Haus vom Räuber Hotzenplotz«, in das die Kinder hineinkrabbeln konnten. In den außen angebrachten Schüttboxen lagen die CDs und Musikkassetten – ja, die gab es damals noch – mit Hörspielen von Otfried Preußler. Ich bin mit dem kleinen Gespenst, der kleinen Hexe und mit Krabat aufgewachsen, für mich war es also ein Traum, für die Hörspiele dieses von mir verehrten Autors ein Verkaufsdisplay zu entwickeln. Als ich es dem Polygram-Chef vorstellte, lehnte er sich in seinem schweren Ledersessel zurück, grinste breit und meinte: »Franky, Sie sind immer noch ein großer Junge.« Das Display wurde ohne Änderung umgesetzt und ein Riesenerfolg. Noch Jahre später riefen Einzelhändler an und fragten danach.

Ich finde: Authentisch kannst du nur dann sein, wenn du das Kind in dir nicht verleugnest. Deshalb habe ich in Bewerbungsgesprächen immer gerne nach dem Lieblingsspielzeug aus der Kindheit gefragt. Ich wollte wissen, wie ein Mensch tickt,

> Einen Luke Skywalker einstellen.

bevor ich ihn einstelle. Musste einer bei dieser Frage zu lange überlegen, war ich skeptisch. Einmal habe ich einen Luke Skywalker eingestellt. Wir sprachen eine ganze Stunde über Star Wars, warum wir beide von dieser Geschichte so fasziniert sind und wie man aus ihr eine smarte Präsentation machen könnte. Am Ende war der Bewerber ganz überrascht: »Wir haben gar nicht über die Agentur gesprochen!« Warum auch? Steht ja alles auf der Homepage.

Drei ... zwei ... eins ... meins!

Kann man seine Kindheit zurückkaufen? Ja, man kann. Die Timpo-Figuren, die ich heute um mich habe, sind nicht dieselben, mit denen ich als Kind spielte. Als sich bei meiner zweiten Frau Nachwuchs ankündigte, wollte ich meine alten Spielfiguren reaktivieren. Andere Väter denken vielleicht an ihre teure Uhr, die sie der nächsten Generation weitergeben wollen; ich dachte an die Plastikfigürchen, mit denen ich so viel Spaß gehabt hatte und die für mich der Inbegriff meiner Kindheit sind. Genau die wollte ich später meinem Junior zeigen. Ich rief meine Mutter an und fragte sie, wo die Wild-West-Figuren wären. »Ach je«, sagte sie recht kleinlaut. »Die habe ich längst dem Kindergarten gegeben. Ich hätte nie gedacht, dass du noch mal danach fragst.«

Wie gerne hätte ich einen der Cowboys und Indianer noch mal in der Hand gehabt! Mein Sohn war längst geboren, als ich eines Nachts – er schlief nicht sehr gut und meine Frau und ich spielten zwischen zehn Uhr abends und drei Uhr morgens »Schlaflos in Cologne« – bei eBay landete und »Wild West Figuren« eingab. Einfach so. Und da, zwischen anderen Angeboten, erkannte ich einige meiner alten Figuren wieder. Fasziniert las ich: »Timpo Toys«. So hießen die also! Mit zitternder Hand gab ich »Timpo« in die Suchmaske ein. Schnappatmung! Feuerwerk! Silvester! Hunderte von Auktionen warteten auf mich und mein Gebot. Ich klickte wie verrückt, kaufte zusammen, was ich bekommen konnte. Mein erster Kauf war der blaue Cowboy.

> Schnappatmung!
> Feuerwerk! Silvester!

In den nächsten Tagen und Wochen sprang ich manchmal sogar während einer Mahlzeit auf, um einen Deal abzuschließen. Meine Frau machte das klaglos mit. Schnell kam eine stattliche Sammlung an Timpo Toys zusammen, die ich im Esszimmer aufstellte – noch eine Geduldsprobe für meine Frau.

»Deine Altersversorgung«, kommentierte ein Freund trocken, als ich ihm meine Sammlung zeigte und er erfuhr, dass für manche Figur, die früher im Laden 50 Pfennig gekostet hatte, auch mal locker über 100 Euro fällig gewesen waren.

Meine Sammlung hat ihren Platz längst nicht mehr im Esszimmer. Sie ist in eine kleine Abstellkammer neben der

Garage in unserem Haus umgezogen. Die Kammer ist nur ein paar Quadratmeter groß, ohne Tageslicht, ohne Handyempfang, dafür aber nur für mich reserviert – ein richtiger Luxus. Ich habe Regale hineingebaut und alle Wild-West-Figuren aufgestellt, die ich in den letzten Jahren zusammengetragen habe.

Meine Frau nennt diesen Raum den »Heiligen Gral«. Für mich ist es einfach nur das »Räumchen«. Aber das ist reines Understatement. Denn diese Kammer ist mein magischer Ort! Jeden Morgen, wenn ich zu meinem Auto gehe, um zur Arbeit zu fahren, komme ich an meinem Räumchen vorbei. Ich öffne die Tür, drücke auf den Lichtschalter: Licht an, Kindheit da. Manchmal nehme ich mir fünf Minuten Zeit, berühre das Plastik, schau mir meine Lieblingsfiguren, das große Fort und die Kutschen an. An anderen Tagen stehe ich nur in der Tür und lasse meinen Blick kurz über die Regale schweifen. Das reicht, um einen Rücksturz in meine Kindheit zu erleben, in der ich und mein Bruder als Winnetou und Old Shatterhand den Wilden Westen auf den Weiden hinterm Deich unsicher gemacht haben. Denn in diesem Kämmerchen ist das Raum-Zeit-Kontinuum ausgehebelt – es gibt den Raum, aber die Zeit hat keine Bedeutung.

> Licht an.
> Kindheit da.

Das Räumchen verbindet mich mit den positiven Gefühlen meiner Kindheit. Wenn ich dann in mein Auto steige, bin ich geerdet, eine ganze Person. Ein Blick auf meine Timpo-Toys-Sammlung genügt mir, um jeden Morgen Kraft zu tanken. Genug, um mit einem inneren Lächeln in den Tag gehen zu können.

Kapitel 6: Spot an!

Ruf an den eher spaßbefreiten Tagen einfach mal spontan ehemalige Lieblingskollegen an, die heute woanders sind. Das amüsante Telefonat über die besten Anekdoten von früher macht auch einen grauen Tag direkt heller.

Ich mag Flughäfen. Wenn ich gelandet bin und noch etwas Zeit bis zu meinem nächsten Termin habe, bleibe ich gerne ein wenig im Ankunft-Terminal und warte darauf, dass die automatische Schiebetür grüppchenweise Reisende aus Los Angeles, Sydney oder Kapstadt, müde vom langen Flug, in die Halle entlässt. Voller Vorfreude suchen sie in der Menschenmenge vor der Tür nach ihren Freunden und Angehörigen.

Ich schaue zu, wie die Ankommenden lächelnd auf diejenigen zugehen, die so lange auf sie gewartet haben. Überall umarmen sich Menschen, küssen sich, freuen sich, erzählen, weinen vor Freude ... Die zu Boden gefallenen Pappschilder, die zuvor von den Empfangskomitees geschwenkt wurden, und das Gepäck der Weitgereisten verstopfen den Exit-Bereich, so dass kaum noch ein Durchkommen ist – ein »Beziehungs-Chaos« der besonderen Art. Ich sehe all die Menschen, die sich vermisst und aufeinander gefreut haben, und die happy sind, dass sie endlich wieder zusammen sein dürfen. Das Glück, das sie empfinden, ist so stark, dass es sogar auf mich als eigentlich unbeteiligten Zuschauer überspringt. Wenn ich dann ins Taxi steige, ist mir warm

> Wenn ich dann ins Taxi steige, ist mir warm ums Herz.

ums Herz – so als hätte ich selbst einen guten alten Freund wiedergetroffen.

Im letzten Kapitel habe ich darüber erzählt, dass es in meinem Leben Dinge gibt, die mir den direkten Zugang zu guten Gefühlen ermöglichen und mich dadurch glücklich und gelassen machen. Ich kann aber statt des Matchboxautos oder meinen Timpo Toys auch den Hörer in die Hand nehmen: Ein Anruf bei bestimmten Menschen genügt, und meine Batterie wird randvoll aufgeladen. Die wärmende Kraft guter Beziehungen macht das möglich.

Mit »guten Beziehungen« meine ich nicht nur Lebenspartner, beste Freunde und enge Familienmitglieder. Dass die dich so glücklich machen können, dass es dir schier das Herz zerreißt, daran muss ich niemanden erinnern. Es sind gerade auch die »kleinen« Beziehungen, die dich mit positiver Energie versorgen. Vielleicht spürst du den positiven Effekt sogar schon, wenn du anderen Menschen nur dabei zuschaust, wenn die Magie der Bindungen zwischen ihnen sichtbar wird – so wie ich, wenn ich mich mit den Reisenden am Flughafen freue. Bestimmt gibt es in deinem Leben Menschen, die es schaffen, dich gleich viel lebendiger fühlen zu lassen, wenn du mit ihnen sprichst. Das können Urlaubsbekanntschaften sein oder Kumpel aus dem Stadion, bei mir sind es besonders auch Menschen aus dem beruflichen Kreis – Arbeitskollegen, Geschäftspartner, Dienstleister etc.

Ein Selbstläufer sind solche Beziehungen nicht. Es ist zu wenig, mit irgendwem irgendwann irgendeine Geschichte geteilt zu haben; du musst die Energiequelle der Beziehungen aktiv zum Sprudeln bringen.

Quality-Time statt Zeit-Invest

Beziehungen pflegen – ich weiß, das hört sich stark nach Power-Networking an. Ich meine hier aber nicht die funkti-

»Ich muss noch die Runde machen.«

onalen Netzwerke, die einen in der Berufswelt voranbringen sollen. Wie oft habe ich schon beobachtet, dass sich zum Beispiel bei einem Branchenevent jemand ganz unvermittelt von seinen Gesprächspartnern verabschiedet: »Schön euch gesehen zu haben, aber jetzt muss ich weiter. Ich will noch die Runde machen.« Das sind diejenigen, denen es nicht auf das gute Gespräch ankommt; sie sind daran interessiert, möglichst viele für ihre Karriereplanung wichtige Leute zu treffen. Dreißig, vierzig Kontakte schaffen sie locker an so einem Abend. Kurz Hallo gesagt, um sich in Erinnerung zu rufen. Ein paar Takte gesprochen. Abgehakt. Nächster Gesprächspartner. Manche dieser Leute haben Listen im Kopf oder auf ihrem Smartphone, auf denen sie die Daten möglichst jedes beruflichen Kontakts penibel festgehalten haben: den Geburtstag, den Namen des Lebenspartners und der Kinder, den Lieblingswein, die Automarke ... Sie merken sich auch noch den Namen der Katze, um ihn bei passender Gelegenheit fallen zu lassen.

Ich bewundere strukturiertes Vorgehen, aber in diesem Fall ist das nichts für mich. Ich weiß, es ist kaum zu glauben, dass ich bei solchen Anlässen kein konkretes geschäftliches Ziel verfolge. Aber es ist tatsächlich so. Wenn ich nicht gerade Gastgeberpflichten habe, rede ich bei so einer Veranstaltung mit insgesamt vier, fünf Leuten, mehr nicht. Und zwar locker und mit Herz. Über Basketball, alte Fernsehserien, Kreuzfahrten, Kindergärten, Fußballtrainer, Statistenrollen, ein gerade neu herausgekommenes Musikalbum ... Das sind keine strategisch ausgefuchsten Gesprächsinhalte, die meine Skills ins rechte Licht rücken sollen, sondern einfach nur Themen, die für mich und mein Gegenüber interessant sind und uns als Menschen sichtbar machen. Damit bin ich in meinem

> Entspannte Gespräche ohne Hintergedanken.

Berufsleben immer gut gefahren, denn Menschen merken und schätzen es, wenn sich ein entspanntes Gespräch ohne Hintergedanken entwickelt.

Kurze Zwischenfrage: Wer hat wohl mehr Spaß an so einem beruflichen Event – ein Netzwerkstratege oder ich?

Und genau das ist der Unterschied: Meine Beziehungen sollen nicht meine Karriere pushen, sondern Lebensfreude bei allen Beteiligten vermehren. Deshalb würde es mir auch nicht im Traum einfallen, mich aus Karrieregründen bei alten Weggefährten zu melden, nach dem Motto: »Den halte ich mir mal warm, wer weiß, vielleicht kann ich diese Connection irgendwann noch mal brauchen.« Wenn ich meine Buddies aus alten Zeiten anrufe, dann fragen die nicht: »Hey Franky, gibt's eigentlich einen Grund, warum du anrufst?« Denn sie kennen mich gut genug und wissen, dass ich einfach Lust habe, mal wieder ein paar Worte mit ihnen zu wechseln. Das geht übrigens in beide Richtungen – manchmal rufen sie auch mich an.

Normal ist das leider nicht. Viele Leute, die sich nach vielen Jahren aus dem Nichts heraus bei mir melden, wollen etwas von mir. Einen Job zum Beispiel. Oder eine Information. Da gibt es zuerst ein paar allgemeine einleitende Sätze, um die Form zu wahren, und dann kommt unweigerlich: »Hör mal, Frank, was ich dich fragen wollte ...« Ich finde das spooky.

Wenn ich jemanden mag, möchte ich mit ihm reden und den Kontakt zu ihm halten, das ist für mich ein Lebenselixier. Da gibt es kein »um zu« als Hintergedanken. Ich will mich mit ihm austauschen, mich authentisch zeigen können, und im Gegenzug etwas von der Person meines Gegenübers erfahren. Das Leben ist viel zu spannend, um oberflächlich zu bleiben.

Die 10-Minuten-Partnerbörse

Jetzt könnte man den Schluss ziehen, ich wäre ein Gegner von Small Talk. Bin ich aber nicht. Im Grunde ist Small Talk ja nur ein erstes Abtasten: Ist das Gegenüber beweglich genug im Kopf, um ein Gespräch nicht versanden zu lassen? Liegt man ungefähr auf einer Wellenlänge? Kann da eine tiefere Beziehung draus werden? Small Talk funktioniert eigentlich genauso wie Parship: Ist da ein Matching oder nicht? Das reicht für eine erste Einschätzung.

> Ein kurzer Blick in Bunte, Kicker und Stern genügt.

Ich wundere mich darüber, wie viele sich mit Small Talk schwertun. Da können schon mal vier schüchterne Leute beieinanderstehen und das Gespräch schleppt sich dahin beziehungsweise kommt erst gar nicht zustande. Nach ein paar Anstandsminuten können sie endlich die Flucht ergreifen und sich einem anderen Grüppchen anschließen, in dem es nicht auffällt, dass sie nichts zum Gespräch beizutragen haben.

Dabei kann jeder Smalltalken. Du musst ja nur einmal die Woche einen Blick in ein paar Magazine werfen – Bunte, Kicker und Stern reichen vollkommen aus. Dann kannst du überall mitreden und hast auch immer ein unverfängliches Thema parat, wenn das Gespräch ins Stocken gerät. Nur Weniges ist tabu beim Small Talk, Politik und Berufliches zum Beispiel.

Nicht vergessen: Small heißt klein. Allzu viele Erwartungen sollte man an den Inhalt so einer Plauderei also nicht haben. Doch sie kann immer auch die Starthilfe für ein tieferes Gespräch sein.

Klingelton aus der Vergangenheit

14.46 Uhr. Um 15.00 Uhr wartet ein wenig erfreulicher Termin auf mich. Eine knappe Viertelstunde habe ich noch Zeit. Ich lehne mich in meinem Stuhl zurück, mit dem Matchboxauto in der Hand gehe ich das Telefonbuch meines Herzens durch. »Was macht eigentlich Arno?«, überlege ich. Gemeinsam haben wir ein paar Stories erlebt, über die wir heute noch lachen können. Wie wir zum Beispiel mal mit der gesamten Belegschaft von Stein Promotions ein besonders erfolgreiches Jahr feierten. Er war als unser Anwalt und Freund der Firmen-Familie auch dabei. Motto der Veranstaltung: Prollparty in Palma. Dresscode: Bad Style. Wir sind tatsächlich nach »Malle« geflogen, ein Trupp von 150 Leuten, die Männer in Trainingsanzügen aus Ballonseide, Adiletten und weißen Socken, die Frauen aufgebrezelt wie Vorstadt-Tussen. In El Arenal ging es dann gleich ab in den »Bierkönig«, einem ungeheuren Schuppen mit Platz für 5.000 Ballermann-Touristen, wo wir die Nacht durchfeierten. Unvergessen, wie Arno die Tanzfläche unsicher machte und in der Nacht am Strand mit uns Schlager trällerte. Am nächsten Morgen flogen wir wieder zurück nach Düsseldorf.

> Trainingsanzüge aus Ballonseide und Adiletten.

So etwas verbindet. Nachdem ich zu einer anderen Agentur gewechselt bin, sind wir uns immer wieder mal über den Weg gelaufen. An unserer wunderbaren Beziehung hat sich nicht viel geändert, die Chemie stimmt immer noch. Ich nehme mein Handy und rufe ihn an. Arno freut sich. »Mensch Franky! Das ist ja schön, dass du anrufst. Du, ich muss gleich los, aber ein paar Minuten habe ich Zeit.« Und schon sind wir mittendrin im »Weißt du noch?«

Innerhalb von ein paar Herzschlägen hat sich das Bild völlig gewandelt. Ich warte nicht mehr auf einen blöden Termin, sondern führe ein tolles Gespräch mit einem alten Kumpel. Ein paar Worte genügen, und es ist alles wieder da. Die alten Zeiten waren natürlich nicht so hell und strahlend, wie man meinen könnte, wenn man uns zuhören würde. Da ist natürlich auch Verklärung mit im Spiel. Aber warum denn nicht? Arno und ich wissen das. Tausendmal besser als das Schlechtreden im Nachhinein.

Es geht natürlich nicht nur um die immer gleichen drei Anekdoten, die man am Telefon durchnudelt. Die sind nur das Intro. So eine alte Weißt-du-noch-Story ist dazu da, die Gesprächspartner schnell auf Betriebstemperatur zu bringen. Nach der Vergangenheit sind Gegenwart und Zukunft dran. »Was machst du denn gerade? Wie geht es dir?« Wir reden nicht über Weltpolitik, und über den Beruf auch nur, um zu fragen: »Was ist eigentlich aus dem Sowieso geworden?« Ich will in so einem Gespräch private Impulse bekommen. »Hast du dir jetzt wirklich das Motorrad gekauft, von dem du immer geträumt hast, oder kommt das noch?«

Wie sieht es mit dir aus? Wen würdest *du* heute gerne anrufen? Bestimmt ist das jemand, zu dem du schon immer einen besonderen Draht hattest. Du hast ihn gemocht und geschätzt und warst traurig, als eure Berufswege auseinander gingen. So wie bei mir wird sich auch bei dir im Laufe deines Berufslebens ein Kreis von Menschen herausgebildet haben, mit denen dich mehr als das rein Berufliche verbindet. Bei jeder Station in meinem Berufsleben ist eine Handvoll Menschen dazugekommen, mit denen ich mich verbunden fühle und an die ich mich gerne erinnere. Und von denen ich weiß, dass auch sie sich über ein unverhofftes Flashback freuen.

Nie war es so leicht, sich einfach mal zu melden. Zur Not tut es auch eine SMS, eine Direktnachricht auf Twitter, eine Whatsapp. Das ist zwar kein echter Dialog, dafür ist der Aufwand denkbar gering – wie viele Sekunden brauchst du für 140 Zeichen? Miteinander telefonieren ist natürlich noch besser.

> **Wie viele Sekunden brauchst du für 140 Zeichen?**

Mit deinem Smartphone kannst du von überall anrufen: vom Bahnsteig, wenn der Zug zehn Minuten Verspätung hat, aus dem Auto im Stau – oder wenn du gerade in einem Buch einen Abschnitt fertig gelesen hast ...

Energiesauger-Alarm

(Wolltest du nicht jemanden anrufen? Hast du gemacht? Na, dann ist es ja gut ...)

Ich habe mich gefragt: Was haben die Menschen gemeinsam, zu denen ich auch nach vielen Jahren noch gerne den Kontakt halte? Um diese Frage zu beantworten, möchte ich hier zunächst die Kollegen und Mitarbeiter vorstellen, mit denen ich ganz gewiss *keine* für beide Seiten bereichernde Beziehung haben kann.

Das sind diejenigen, zu denen du gutgelaunt ins Zimmer gehst, und wenn du nach fünf Minuten wieder herauskommst, fühlst du dich bleischwer und dein Tag ist trüber geworden. Wenn es regnet, jammern sie, dass die Sonne nicht scheint, und wenn der Himmel blau ist, ist ihnen zu heiß oder zu trocken. Sie haben immer etwas auszusetzen. Ich nenne sie die Mieselprieme.

Nicht dass wir uns missverstehen: Mit Mieselpriemen sind nicht die Totalausfälle gemeint, die monate- und jahrelang an ihrem Arbeitsplatz anwesend sind, ohne dass etwas dabei herauskommt. Bei diesen Nicht-Leistern merkt man ja kaum, dass sie überhaupt da sind. Wenn sie nicht kündbar sind, dann muss man sie eben mit durchziehen. Das ist in einem gewissen Rahmen verschmerzbar. Ich meine auch nicht die Bedenkenträger; in jedem Unternehmen sollten Leute sein, die sich nicht gleich von einer Hurra-Stimmung anstecken lassen. Nein, Mieselprieme sind der Schrecken der Galaxis: Wie Schwarze Löcher saugen sie dir deine Energie ab.

> Mieselprieme: der Schrecken der Galaxis.

Diesen Schwarzen Löchern begegnest du überall. Typisches Beispiel: Betriebsausflug. Die Planer organisieren mit viel Herzblut und oft sogar in ihrer Freizeit ein attraktives Programm, das weit übers gemeinsame Essen hinausgeht. Doch egal, ob es in den Klettergarten oder auf die Go-Cart-Bahn geht, ob man gemeinsam Schlitten fährt oder in Rennwagen auf dem Nürburgring – nie im Leben werden 100 Prozent der Beschenkten sagen: Dieser Tag war super! Natürlich macht kein Programm der Welt alle aus einer Gruppe gleichzeitig glücklich. Aber man könnte doch auch einfach mal sagen: »Naja, dieses Mal war es für mich ein wenig zu sportlich, dafür können wir ja nächstes Jahr mal in einem Wellness-Hotel abhängen.«

Offensichtlich sehen das nicht alle so. Denn da ist immer ein bestimmter Prozentsatz der Belegschaft, der grundsätzlich meckert und nörgelt. Meine Faustregel: Auf 25 Mitarbeiter kommt ein Mieselpriem.

Einmal wollten wir feiern, dass eines unserer neu gegründeten Büros innerhalb kürzester Zeit auf zwei Dutzend Mitarbeiter angewachsen war – ein großartiger Erfolg! Die Organisatoren der Feier hatten etwas Besonderes auf die Beine gestellt: ein gemeinsames Koch-Event. Sie hatten sich viele Gedanken gemacht und an den wunderschön geschmückten Tischen die »Digitalen«, die

> »Das hätte man anders machen müssen.« –
> »Wie denn?« –
> »Weiß nicht.«

»PR-ler« und die »Eventler« bunt gemischt. Ich fand den Abend rundum gelungen. Zwei Tage später bekam ich von einer Mitarbeiterin das Feedback: »Ja, war ja ganz nett, aber mit dem Kochen ... also ... da hätte man auch was anderes machen können.« Auf meine Frage: »Was denn?« kam nur die Antwort: »Weiß nicht.« Umgehend verpflichtete ich sie, die nächste Betriebsfeier zu organisieren. Mit dieser »Erziehungsmaßnahme« habe ich allerdings mir und allen anderen keinen Gefallen getan: Das Highlight des von ihr organisierten Abends war – Schrottwichteln.

Meckerer bekommen nichts Innovatives auf die Reihe. Wo soll's auch herkommen, wenn ein Großteil ihrer kreativen Energie dabei drauf geht, andere zu verpetzen und ihren Ärger wiederzukäuen. So wie ich von Herzen positiv bin, sind sie im innersten Kern negativ gepolt. Weil sie im privaten Umfeld kaum Kontakte haben – wie auch? Die meisten machen einen großen Bogen um sie – halten sie sich an den Berufskollegen schadlos. Die können nicht wegrennen.

Menschen mit negativer Ausstrahlung werden nirgendwo gebraucht. In der Kreativbranche am allerwenigsten. Aber auch in keiner Werkstatt, in keinem Einzelhandelsgeschäft, in keinem Sportverein ... Sie merken noch nicht einmal, was sie anrichten. Sobald sie ihren Müll bei dir abgeladen haben, gehen sie pfeifend weiter.

Befreiungsschlag

Ein Extrembeispiel im Umgang mit Schwarzen Löchern habe ich vor Jahren erlebt. Mein damaliger Chef war wie ein Dynamo, er hatte die Fähigkeit, seine Mitarbeiter zu begeistern und zu Höchstleistungen anzuspornen. Doch einer meiner Kollegen war ein ganz besonders destruktives Schwarzes Loch. Da kam auch die geballte Strahlkraft des Häuptlings nicht gegen an. Der Mitarbeiter machte einen guten Job, keine Frage, aber wenn es ein Meeting gab, und er war mit von der Partie, konntest du sicher sein, dass er herummaulte. Wir waren damals 150 Leute in der Agentur, und dieser eine Mensch ist uns allen tierisch auf die Nerven gegangen.

> Selbst seine geballte Strahlkraft kam nicht dagegen an.

Eines Tages kam mein Chef zu mir ins Büro und sagte: »Ich habe XY gefeuert.« Nach der ersten, geradezu reflexhaften Erleichterung – »Gott sei Dank ist der weg« – fragte ich: »Was war denn los?« Die Antwort hat mich fassungslos gemacht: »Ich konnte ihn einfach nicht mehr sehen!« Das war alles.

Das darf man doch nicht!, dachte ich. Man kann doch keinen Mitarbeiter entlassen, nur weil er ein Mieselpriem ist. Aber dann verstand ich: Ein Chef darf das nicht nur, er *muss* das tun! Er muss seine Belegschaft vor den sumpfigen Ausdünstungen solcher Typen schützen. Der Aufhebungsvertrag war bestimmt nicht ganz billig, aber es war gut angelegtes Geld.

Es ist hart, jemanden vor die Tür zu setzen, für alle Beteiligten. Deshalb habe ich mir damals ganz fest vorgenommen, es möglichst niemals so weit kommen zu lassen. Als Entscheider habe ich immer sehr penibel darauf geachtet, solche Leute gar nicht erst einzustellen. Sie können so brillant sein, wie sie wollen, wenn sie konsequent schlechte Stimmung verbreiten, will ich sie nicht um mich haben.

Als zwei meiner Mitarbeiterinnen wieder einmal ein Vorstellungsgespräch führten, nahm ich mir die Zeit und setzte mich mit an den Tisch. Der Juniorberater in spe kam mit den besten Empfehlungen und ich war neugierig, was das für einer ist. Nach wenigen Minuten war klar: Der Typ ist ein Nussknacker. Das war keine Nervosität, der war einfach so. Steif bis zum Scheitel, lähmend. Ich fühlte mich wie schockgefrostet. Nach zehn Minuten stand ich auf und ging, die anderen beiden befragten den Kandidaten noch tapfer weiter. Als der Bewerber endlich verabschiedet war, fragte ich sie: »Und?« Sie drucksten ein wenig herum und sagten: »Naja, der war schon ein bisschen merkwürdig. War schnell klar, dass der es nicht wird.« Aber um ihn nicht vor den Kopf zu stoßen, hatten sie ihn noch die geplanten zwei Stunden interviewt.

> Schnell war klar:
> Der Typ ist ein
> Nussknacker.

Ich frage mich: Warum denn? Ein aufrichtiges Feedback hätte ihm tausendmal mehr gebracht als falsche Rücksichtnahme. Ich bin sicher, der junge Mann war alles andere als dumm. Aber leider auch völlig unfähig, zu anderen Menschen eine Beziehung aufzubauen. Wenn so jemand einen Job macht, bei dem er in seinem kleinen Büro allein vor sich hinwurstelt, dann könnte er für ein Unternehmen ein Gewinn sein. Aber als Juniorberater mit direktem Kundenkontakt, fast ausschließlich im Team arbeitend, wäre er eine Katastrophe gewesen.

Vielleicht findest du es unangemessen und ungerecht, wenn ich so unverblümt über bestimmte Menschentypen urteile. Jedes Töpfchen findet sein Deckelchen, heißt es ja immer, und manche glauben, das gälte auch für Mieselprieme und Nussknacker. Ich will es aber ganz deutlich sagen, dass es Menschen gibt, die ganz und gar ungeeignet sind für eine Zusammenarbeit mit anderen. Und ich mache auch keinen Hehl daraus, dass ich die nicht in meiner Mannschaft haben will. Nicht nur, weil ich selbst schlechte Laune bekomme, sondern auch, weil alle anderen sich mit einem faulen Apfel in ihrer Mitte mehr anstrengen müssten.

Wenn ich jemanden anrufe, um mir – und ihm! – den Tag ein wenig heller zu machen, gehört er ganz gewiss nicht zu diesen negativen Menschen. Es gibt aber noch Menschen aus einer weiteren Gruppe, die sich nicht für diese Anrufe eignet.

Stille Reserven

Ich meine die Grauen, die Stillen. Das sind freundliche, kluge und leistungsbereite Menschen, aber es gibt nichts Persönliches, das ich mit ihnen besprechen könnte.

Die Stillen kommunizieren fast ausschließlich auf beruflicher Ebene. »Ich habe da mal eine Liste zusammengestellt.« Oder: »Herr XY ist leider erst in einer Woche wieder erreichbar, ich habe ihm eine Nachricht hinterlassen.« Oder: »Ich habe das Intranet wieder zum Laufen gebracht.« Super.

> Die Aufgeschlossenen machen Karriere, die Stillen nicht.

Gut mitgedacht, Arbeit vorangetrieben. Auf die Stillen kann man sich in der Regel hundertprozentig verlassen. Sie sind zuverlässig, ein Fels in der Brandung, manchmal sogar brillant. Und trotzdem stoßen sie auf der Karriereleiter schnell an eine gläserne Decke. Denn sie sind nur als Funktionsträger sichtbar, nicht als Mensch. Mancher regt sich darüber auf, dass der aufgeschlossene und kommunikative Kollege, der nicht halb so viel Leistung bringt wie der Stille im selben Büro, Karriere macht, aber der Stille oft nicht.

Und genau das ist der Knackpunkt: In echten Beziehungen menschelt es. Doch die Stillen wollen sich nicht in die Karten schauen lassen – aus Angst, nicht professionell zu erscheinen, aus einem Gefühl der falschen Scham oder der Minderwertigkeit heraus oder was auch immer. Beliebt bei denen, die über eine berufliche Karriere entscheiden, wird man auf diese Weise nicht. Und Führungskraft meistens auch nicht. Denn Inspirieren, Motivieren, das können die Stillen nicht. Nur in Krisenzeiten, wenn die allzu Forschen ein Trümmerfeld hinterlassen haben, kommen sie zum

Zuge. Ich würde an ihrer Stelle allerdings nicht darauf setzen, dass sich für sie eine Lücke auftut.

Wer sich in der zweiten und dritten Reihe wohlfühlt und meint, auch ohne engere Kontakte zu Kollegen auszukommen, den soll man nicht zwingen, aus dem Schatten hervorzutreten. Ich habe da keinen Missionarstrieb. Das ist in Ordnung, wenn es für die Stillen auch in Ordnung ist. Aber oft ist es so, dass diese Stillen kreuzunglücklich sind. Sie leiden darunter, dass sie nicht gesehen werden, ihre Leistung nicht genug anerkannt und weniger wertgeschätzt wird.

Da ist es wieder, das Thema Beziehungen. Zu Mieselpriemen sind gute Beziehungen nicht möglich, weil sie dich runterziehen. Nussknacker lähmen. Und bei den Stillen gibt es erst gar keinen Anknüpfungspunkt, denn sie zeigen nur ihr rein berufliches Gesicht. Was sie als Menschen ausmacht, bleibt geheim. Wie will ein Stiller mit anderen kommunizieren, wenn er Fenster und Türen verrammelt? Ich kann keine Beziehung zu jemandem haben, der sich einen Tarnmantel überwirft. Ich will wissen: Was ist das für einer? Wofür brennt er? Wovon träumt er?

Mieselprieme ändern sich meiner Erfahrung nach nicht. Ich habe nie erlebt, dass so ein bis ins Mark negativer Mensch auf einmal entdeckt, wie schön die Welt ist. Und es ist für einen Hölzernen extrem schwierig, sich locker zu machen. Ich habe allerdings schon öfter gesehen, dass sich ein Stiller zu einem offeneren Menschen mit tragenden Beziehungen entwickelt.

> Wenn die Forschen ein Trümmerfeld hinterlassen haben.

Raus aus der Schattenecke!

Einen Extremfall erlebte ich bei einer meiner früheren Agenturen. Dort war eine durch und durch rationale, sachliche Mitarbeiterin angestellt. Ich nenne sie hier mal Klara. Sie war eine vorbildlich organisierte, zuverlässige Kollegin; wie ein Schweizer Uhrwerk, brillant, fehlerlos. Aber auch unauffällig, zurückhaltend und auf den ersten Blick zu hundert Prozent spaßbefreit. Ich habe kaum zwei Sätze mit ihr gewechselt, die sich nicht direkt auf die Arbeit bezogen. Es war ganz klar: Sie war die perfekte zweite Frau und würde niemals in die erste Reihe vorstoßen. (Wollte sie das überhaupt? Ich wusste es nicht.)

Dann gab es ein Agenturfest: Karaoke und Kickern. Wie üblich bildeten sich Grüppchen heraus; es gibt ja immer diejenigen, die mehr oder weniger ausgelassen feiern, und die anderen, die am Eistee nippen und um halb zehn nach Hause gehen. Ich weiß

> Ich bekomme heute noch Gänsehaut.

bis heute nicht, was den Anstoß gab, doch plötzlich stand Klara aus der Eistee-Ecke auf, griff sich das Mikrofon, stellte sich mitten in das Licht des Spotstrahlers und sang mit geschlossenen Augen und voller Leidenschaft ein Lied von Alanis Morissette. Sie hatte es drauf, sie war sogar noch besser als Alanis. Uns allen fielen die Kinnladen runter, wir konnten es gar nicht glauben! Wenn ich an diesen Moment denke, bekomme ich heute noch eine Gänsehaut.

Als das Lied zu Ende war, herrschte ein paar Sekunden absolute Stille, dann brandete frenetischer Applaus auf. Klara musste das Lied noch mal singen. Es war die Geburtsstunde einer ganz neuen Frau. Sie hatte den Mut gefunden, uns eine ihrer Facetten zu zeigen, die niemand an ihr gekannt hatte. Es war natürlich keine 180-Grad-Drehung, niemand ändert sich grundlegend von heute auf morgen. In der nächsten Zeit war Klara immer noch zurückhaltend, aber ihre allzu glatte Oberfläche hatte erste Sprünge bekommen. Sie hatte ihre Angst überwunden, als Mensch sichtbar zu werden. Die Befürchtung lächerlich zu wirken und sich zur Zielscheibe des Spotts zu machen, war unbegründet. Ganz im Gegenteil: Zum ersten Mal hatte sie offene Zustimmung erhalten. Der Applaus tat ihr gut. Schritt für Schritt wurde sie in der folgenden Zeit kommunikativer und selbstbewusster. Brillant war sie immer gewesen, doch nun traute sie sich auch zu, sichtbar zu werden.

Irgendwann trennten sich unsere Wege. Später las ich, dass Klara CEO einer großen Agentur geworden ist. Sie wurde eine beliebte Chefin, hat Top-Teams geführt und tolle Kunden beraten, sammelte viele Erfolge ein. Das hätte ich vor der Alanis-Nacht nie im Leben für möglich gehalten. Und sie wahrscheinlich auch nicht. Klara hat es verdient. Sie hat ihren Weg gefunden.

> Sie traute sich, sichtbar zu werden.

Trainerwechsel

Hätte es etwas geändert, wenn ich als Vorgesetzter mir vorgenommen hätte, mehr auf die Stillen zu achten und sie gezielt zu fördern? Nicht viel. Denn sie sind ja meist genau dort, wo ihr Setting an Fähigkeiten sie hinträgt: An einer eher unauffälligen Stelle machen sie einen guten Job. Würde ich ihnen mehr Verantwortung übertragen, würde es kaum funktionieren. Denn dazu müssten sie kommunizieren, Beziehungen eingehen, sich als Menschen und nicht nur als ausführende Organe zeigen, begeistern können. Und das ist genau die Rolle, in der sich die Stillen, wenn sie sich nicht weiterentwickeln, weder wohlfühlen noch Erfolg haben werden. Man darf nicht vergessen: Viele von ihnen passen genau dorthin, wo sie sind – in die zweite Reihe.

Manchmal kann ich stille Menschen mit meiner übersprudelnden Art ein wenig mitreißen. Ich mache gerne auch mehrere Anläufe, schaue, ob es Themen gibt, auf die sie anspringen. Sie sollen ja keine Partyrobben werden, aber sie tauen ein wenig auf und fangen auch mal an zu lächeln. Ich kann ein Tor aufmachen, aber durchgehen müssen sie selber. Sie sind dann erstaunt, dass es ihnen nicht schadet, sich ein wenig zu öffnen und lockerer zu sein. Und dann überraschen sie mich, zum Beispiel mit einem erfrischenden Harald-Schmidt-Humor, der zuvor unter einer dicken Schicht Zurückhaltung versteckt war.

Manche Stille machen andere dafür verantwortlich, dass sie nicht auf dem Radar sind. Wenn jemand anderes auf eine Stelle gesetzt wurde, auf der sie sich selbst schon gesehen haben, dann klagen sie: »Da werden Leute von außen geholt, und meine Leistung wird nicht gesehen.« Nun, ich finde, Vorgesetzte müssen nicht mit dem Trüffelsuchgerät herumlaufen. Manchmal gelingt es, ein Mauerblümchen aus der Ecke zu holen, aber man darf nicht vergessen, dass es zu einem großen Teil an den Stillen selbst liegt, wenn sie unzufrieden sind. Im Beruf geht es nun mal wie auf einer Bühne zu: Du zeigst, was du kannst. Ein Artist, der nur daheim im Wohnzimmer exzellent ist, aber auf der Bühne glanzlos und ohne Aura herumsteht, der muss sich nicht wundern, wenn sein Publikum

> Wie auf einer Bühne: Du zeigst, was du kannst.

ausbleibt. Wer gerne gesehen werden möchte, muss den Mut haben, auch mal andere Facetten von sich anzubieten. Er muss Statements senden, beziehungsbereit sein. Sonst wird das eher nichts.

Manchmal führen auch andere Wege raus aus der Schublade. Ein Wechsel des Arbeitgebers kann Wunder wirken. In neuer Umgebung fällt es leichter, sich neu zu zeigen. Und vielleicht ist da ja auch ein Chef, der die Fähigkeiten besser zu schätzen weiß als der alte. Es ist wie beim Trainerwechsel in der Bundesliga – mit einem neuen Trainer kommt eine neue Chance.

Was bleibt

Jeder hat seine eigene Geschichte, seine eigene Temperatur. Ich zum Beispiel bin sehr kommunikativ, auf die laute und raumgreifende Art. So bin ich einfach. Ich weiß, dass das nicht jeder mag, ich polarisiere – einigen gehe ich sogar ziemlich auf den Wecker. Aber das ist nicht schlimm. Ich will und kann nicht von jedem geliebt werden. Im Durchschnitt ist das Urteil: »Der Frank, der ist in Ordnung, aber auch manchmal ganz schön schräg ...« Damit kann ich sehr gut leben.

> Nicht jeder mag mich – damit kann ich gut leben.

Ich überzeuge andere nicht auf die Powerseller-Art, sondern mit meiner Begeisterung. Ich halte nichts von meiner Persönlichkeit unterm Deckel, damit bin ich für andere voll sichtbar. Ich bin absolut positiv getunt, alles andere als hölzern, und ich biete meinem Gegenüber hundert Stellen zum Andocken. Am wohlsten fühle ich mich, wenn in einem Gespräch nicht nur Informationspäckchen über den Tisch hin- und hergeschoben werden, sondern wenn es menschelt. Damit habe ich alle Voraussetzungen, viele gute »kleine« Beziehungen einzugehen. Ich habe das Glück, dass in einer Geschäftswelt, in der die Angebote immer vergleichbarer werden, immer noch auch der Faktor Mensch entscheidet.

Franky, der perfekte Überflieger? Ganz bestimmt nicht! Ich bin auf andere Menschen als Korrektiv angewiesen. Meine Frau zum Beispiel. Dass sie Menschen besser einschätzen kann als ich, hat sie schon oft bewiesen. Ich finde es faszinierend, wie schnell sie Menschen durchschaut, während ich noch euphorisch oder ablehnend bin. Ich denke auch an meinen ehemaligen Bürokollegen Timo, das Finanzgenie. Der konnte genau das, was ich nicht kann: alles was mit Zahlen zu tun hat. Auch dies ist etwas, was Beziehungen so wertvoll macht: Menschen ergänzen sich, sind gemeinsam mehr als einzeln.

Diejenigen, mit denen ich mich auch über Jahrzehnte hinweg verbunden fühle, sind nicht die Mieselprieme, nicht die Nussknacker und meistens auch nicht die Stillen. Es sind die Menschen mit einer offenen und positiven Grundeinstellung dem Leben gegenüber. Diejenigen, mit denen ich gemeinsame Erlebnisse teile, die mich ergänzen und besser machen. Wenn dann auch noch eine gewisse Leichtigkeit bei gleichzeitiger Bodenständigkeit dazukommt und ein ähnlicher Humor, dann bin ich glücklich.

Andere Menschen mögen andere Eigenschaften. Immer aber gilt, dass du nur dann entscheiden kannst, ob du jemanden gut leiden kannst, wenn diese Eigenschaften *sichtbar* werden. Erst dann ist der Weg frei für eine echte Beziehung. Diese Menschen

> Menschen, mit denen du gute Momente teilst.

sind es, die du gerne mal anrufst und bei denen du dich freust, wenn sie sich bei dir unerwartet melden. Aus solchen Begegnungen schöpfen beide Seiten positive Energie, bei Bedarf punktgenau abrufbar durch ein kurzes »Hallo, wie geht's dir?« Am Ende des Tages sind es genau diese Beziehungen, die das Leben mit purer Magie bereichern und es lebenswert machen.

Kapitel 7: Hinterm Horizont geht's weiter

Geh mal mit Leuten zum Mittagessen, die auf den ersten Blick keine Business-Relevanz haben. Der gechillte Talk mit dem Schülerpraktikanten über seine Lieblinge auf YouTube bringt oft mehr als der traditionelle Larifari-Lunch mit dem Key-Account-Manager eines Dienstleisters, der dich wieder mal zum Essen einladen möchte, um sich auszutauschen.

Seit ich denken kann, war das Haus meiner Familie voller Gäste. Ständig schleppten meine Eltern irgendwen an. Als wir noch in Rio de Janeiro wohnten, tauchten zum Beispiel Ende der Sechzigerjahre die Recken des Deutschland-Achters auf, die dann 1968 in Mexiko olympisches Gold holten. Ich war zwar erst ein Dreikäsehoch, aber ich habe nie vergessen, wie der hünenhafte Ruderer Dirk Schreyer damals mit uns Kindern Lego spielte.

Ich habe neulich meine Mutter gefragt, wer sich noch so bei uns in der Rua Tobias do Amaral eingefunden hatte: Darunter waren Berühmtheiten wie Klaus Maria Brandauer und Klaus Kinski (der sich, wie mein Vater immer betonte, sehr höflich und zuvorkommend betragen hatte). Für mich als Kind

> Ein offenes Haus voller Gäste – Inspiration pur!

hatten die Namen der Gäste natürlich wenig Bedeutung, dagegen ist mir der Eindruck grenzenloser Vielfalt deutlich in Erinnerung geblieben. Diese Vielfalt hat mich genauso geprägt wie die ganz besonderen Stimmungen, die entstanden – zum Beispiel als einige Musiker der Berliner Philharmoniker bei einem brasilianischen Churrasco ein kleines Haus-konzert unterm Sternenhimmel gaben. Ich spüre heute noch an meinen Ellbogen das hölzerne Fensterbrett, auf dem ich lehnte, als ich am offenen Kinderzimmerfenster fasziniert der Musik in der warmen Sommernacht lauschte.

Auch in Otterndorf führten meine Eltern ein offenes Haus. In den Siebzigern hatte die Kleinstadt hinterm Deich ein paar Fachwerkhäuser, ein bisschen Tourismus und ge-rade mal fünfeinhalbtausend Einwohner. Eine Kindheit in der Provinz, aber abgeschieden von der Welt waren wir trotzdem nicht.

Autoren auf Lesereise, bildende Künstler, Schauspieler auf Tournee ... wer auch immer in Cuxhaven oder Bremer-haven ein Gastspiel gab oder gar an den Otterndorfer Strand gespült wurde, wurde von meinen Eltern kurzerhand ange-sprochen und zu uns ins Blaue Haus eingeladen: »Kommen Sie doch zu uns!« Das Angebot, in einer Familie herzlich willkommen zu sein, statt allein im Hotel zu sitzen, wurde meist dankbar angenommen. Da waren zum Beispiel die aufstrebenden Literaten, denen die Gemeinde Otterndorf Jahr für Jahr jeweils einen Sommer lang Unterkunft und ein Taschengeld zur Verfügung stellte. Diese jungen Schriftstel-ler kamen meist einmal in der Woche zu uns zum Abendes-sen. Ich weiß noch genau, dass einer von ihnen den nördli-chen Polarkreis bereist hatte; mit seinen Erzählungen vom ewigen Eis und vom Polarlicht beflügelte er unsere Fantasie.

Meine Eltern waren tolle Gastgeber, meine Mutter ist es heute noch, und zu dem guten Essen gab es immer auch in-teressante Gespräche. Diese ständige Auseinandersetzung mit neuen Menschen und neuen Themen hat Früchte getragen. Für uns Kinder waren diese Abende ein Gewinn, das Gehörte sickerte in uns ein – außerdem durften wir am nächsten Tag die übrig gebliebenen Salzstangen und Erdnussflips aufessen.

Debattierklub im Blauen Haus

»Wer sich nicht interessiert, kann auch ohne Kopf rumlaufen«, hieß es bei uns daheim. Oder: »Interessiert mich nicht, gibt's nicht«. Auch innerhalb der Familie wurde Austausch groß geschrieben. Am Abendbrottisch ging es heiß her; die Diskussionen

> »Interessiert mich nicht, gibt's nicht!«

verliefen nicht immer friedlich, aber es ging stets liebevoll zu. Es kam auch vor, dass mein Vater einige Thesen mit dickem Filzstift auf einen Pappkarton schrieb, ihn an einem Besenstiel befestigte und uns so auf das Thema fokussierte. Wir lernten, eine eigene Meinung zu haben und sie auch zu vertreten. Und wir lernten, dass die wahre Qualität eines (Familien-)Lebens darin liegt, ein Miteinander zu haben, sich füreinander zu interessieren.

Wenn ich mal woanders zu Besuch war, merkte ich, dass diese Zugewandtheit alles andere als selbstverständlich war. In manchen Familien wurde überhaupt nicht miteinander gesprochen, weil der Fernseher sogar beim Essen lief; woanders beschränkte sich der Dialog auf: »Wie war's in der Schule?« – »Geht.« – »Hm.«

Offenheit und Neugier – diese Werte lebten meine Eltern uns Kindern jeden Tag vor; mein Drang, mich austauschen zu wollen und ein tiefes persönliches Interesse an Menschen sind die direkte Folge davon. Ich will mich inspirieren lassen und mich weiterentwickeln – und nicht im

Ewiggleichen einschlafen. Meine Neugier kommt mir nicht nur menschlich, sondern auch beruflich zugute. Als Kommunikationsberater ist es mein Job, ein Guide für meine Geschäftspartner zu sein und ihnen Impulse zu geben. Nur durch die Beziehungen zu anderen Menschen bekomme ich andere Zugänge zu Themen und damit Denkanstöße für zündende Ideen.

Deshalb tut es mir um die Zeit leid, die ich bei konventionellen Business-Lunchs sitze, die nur der Stärkung des Wir-sind-wir-Gefühls dienen. Das ist mir zu wenig. Es geht doch sowieso allen immer nur »bestens« und alle sind ständig »wahnsinnig erfolgreich«. Wenn *das* die Gesprächsebene ist, dann sind das vergeudete Stunden für mich. Ich frage also bei solchen Gelegenheiten nicht Routinen ab: »Wie läuft es denn mit dem Sowieso-Projekt?« (die Antwort wäre ja eh nur: »Bestens, wahnsinnig erfolgreich.«), sondern ich interessiere mich für das Überraschende. Neulich traf ich jemanden, der mir erzählte, dass er in der Deutsch-Kanadischen Gesellschaft aktiv ist. Ich fragte ihn: »Wie kommst du denn zum Thema Kanada?« Und schon waren wir mitten im Gespräch über Wildnis, Kanufahrten, indianische Kunst etc.

Auch ungewöhnliche Locations führen zu ungewöhnlichen Gesprächen. Warum nicht mal mit einem Kunden bei schönem Wetter beim Bäcker ein paar Brötchen besorgen und einen Spaziergang am Rhein machen? Ich habe auf solche Einladungen bisher nur positives Feedback erfahren, wie: »Mensch, so was müsste man öfter machen!«

Ich versuche also, jedes Treffen mit Menschen so intensiv wie möglich zu gestalten. Denn *jeder* Mensch ist inter-

> Alle sind ständig »wahnsinnig erfolgreich«.

essant. Gerade diejenigen, die ganz anders sind als ich, die ganz andere Dinge tun oder ein anderes Alter haben, sind für Überraschungen gut.

Die Muffin-Haltung

Einmal hatte die Junior-Communications-Managerin eines Kunden für eine Woche bei uns reingeschnuppert, um die Abläufe in der Agentur kennenzulernen. Ich hatte sie in dieser Zeit manchmal auf dem Flur gesehen, aber kaum ein Wort mit ihr gewechselt. Damit sie für mich nicht spurlos wieder aus der Agentur verschwand, hatte ich an ihrem letzten Tag ein kurzes Gespräch mit ihr vereinbart. Ich war neugierig auf sie und wollte auch wissen, wie es ihr bei uns ergangen war, was ihre Eindrücke waren.

Johanna, Ende zwanzig, hatte kurz vor unserem verabredeten Termin ihren Ausstand gegeben und kam mit einem Tellerchen zu mir ins Büro. »Hier«, sagte sie. »Den haben wir extra für dich aufgehoben. Ich hoffe, du magst Muffins.« Ich *liebe* Muffins, vor allem selbstgebackene mit süßer Verzierung. Aber noch mehr habe ich mich darüber gefreut, dass dieser Muffin erst gar keine Distanz aufkommen ließ. Für mich war das eine angenehme Abwechslung, denn in der Regel haben Studenten und andere Anfänger ein Problem: Je besser sie beim Chef rüberkommen wollen, desto verkrampfter sind sie. Doch Johanna hatte keine Berührungsängste, wie ihr Muffin bewies. Ihre Unerschrockenheit hat mir imponiert.

Kurz vor unserem Gespräch hatte ich die Nachricht bekommen, dass im Anschluss der verabredete Lunch mit einem Kunden ausfiel. Ich hatte mich schon über den unverhofften Zeitpuffer gefreut, jetzt nutzte ich ihn noch einmal anders als geplant: Statt einer Viertelstunde unterhielt ich mich fast eineinhalb Stunden mit Johanna. Und jede einzelne Minute war es wert.

Will ich das wirklich? Ein ganzes Berufsleben lang?

Auf meine provokante Bemerkung, dass sie für eine Junior-Managerin ja schon ziemlich alt sei, antwortete sie ganz gelassen. Sie hatte Jura studiert und eigentlich Verteidigerin im Strafrecht werden wollen. Nach einigen Semestern besuchte sie ein Gefängnis und sah dort die Typen, die sie später verteidigen würde: Vergewaltiger und andere Verbrecher. Auf einmal war Jura gar nicht mehr so clean wie im Hörsaal. Unangenehme Fragen drängten sich ihr da auf: Will ich mich wirklich mit diesen Menschen umgeben? Ein ganzes Berufsleben lang? Es fiel ihr wie Schuppen von den Augen: Nein, dazu hatte sie nicht die Veranlagung. Sie hatte den Mut, ehrlich zu sich selbst zu sein und sofort ihren Karriereplan zu ändern. Vor so einer Geradlinigkeit habe ich Respekt.

Die zwei, drei Jahre an der juristischen Fakultät waren keine verlorenen Jahre, erzählte Johanna mir. Das Studium hatte ihr analytisches Denken geschult und sie gelehrt, wie man argumentiert, eine Verteidigungslinie aufbaut. Auch das strukturierte Arbeiten und das Durchhaltevermögen, sich auch mal durch einen Aktenberg zu graben, hatte sie sich angeeignet. Ich finde: Genau dies sind die Skills, die vielen Berufseinsteigern heute fehlen. Bachelors sind oft viel zu jung, wenn sie von der Uni kommen. Bestnoten machen mangelnde Lebenserfahrung nicht wett.

Ich habe viel gelernt in diesem Gespräch. Über unser Rechtssystem, über die Lebenswelten junger Menschen, über Neuanfänge. Ich hatte eine Stunde Zeit geschenkt bekommen und das Gespräch mit einem ausgesprochen positiven, strukturierten Menschen mit klarer Denke hat sie zu einem *besonderen Moment* gemacht. Vor dem Gespräch war ich noch ein wenig abgespannt gewesen, danach fühlte ich mich wieder voller Energie.

Auch Johanna hat unser Gespräch gut getan. Sie hat Wertschätzung erfahren und eine Bestätigung, dass sie auf einem guten Weg ist. »Behalte deine Muffin-Haltung«, sagte ich ihr zum Abschied, als wir uns die Hand gaben. Ja, genau das hoffe ich: dass sie ohne Berührungsängste bleibt – und damit immer offen für ein gutes Gespräch.

> Behalte Deine
> Muffin-Haltung!

360-Grad-Inspiration

Die Kölner sind extrem tolerant und grenzenlos gesprächsbereit – hier quatscht jeder mit jedem. Künstliche Distanz kennt man hier nicht; Willi Wichtigs werden einfach ausgelacht. Inmitten so viel positiver, spontaner und herzlicher Offenheit fühle ich mich extrem gut aufgehoben. Da ist zum Beispiel der Kellner im »Treppchen«, der mir davon erzählt, dass er demnächst wieder mit seiner Mutter ins Bergische fährt. Oder der Kartoffelmann auf dem Rodenkirchener Wochenmarkt, der so aussieht wie Alain Delon. Wenn du ihn zum ersten Mal siehst, bist du dir nicht ganz sicher: Ist er das, oder ist er das nicht? Steht hier irgendwo eine versteckte Kamera? Erst wenn er den Mund aufmacht und dir in breitestem Kölsch antwortet: »Jaaa, die sin meehlisch«, weißt du, woran du bist. Wenn er dir dann erzählt, dass er schon vor zwanzig Jahren im Urlaub auf Gran Canaria mit dem französischen Schauspieler verwechselt wurde, dann ahnst du, welche Ausgeglichenheit es von einem erfordert, ein Leben lang immer nur *fast* ein Weltstar zu sein.

Nicht jeder hat das Glück, bei den rheinischen Frohnaturen zu wohnen, wo es ein Kinderspiel ist, miteinander ins Gespräch zu kommen. Aber es gehören ja auch immer zwei dazu, ein gutes Gespräch entstehen zu lassen. Selbst die größten Stoffel mit Sprich-mich-bloß-nicht-an-Gesicht kannst du in ein Gespräch ziehen, irgendeinen Anknüpfungspunkt gibt es immer. Die Anstrengung lohnt sich, denn das Live-Erlebnis eines Gesprächs ist durch nichts zu ersetzen. Deshalb sind Kommunikationskanäle wie Skype etc. immer nur als Hilfsmittel zu verstehen; ein echtes Miteinander können sie nicht ersetzen. Eine Beziehung, in der du dich mit deinem Gegenüber nie persönlich getroffen hast, ist nicht wirklich rund. Das hat mir das Treffen mit meinem Lieblingsautor gezeigt.

Dass ich als Kind die Bücher von Otfried Preußler geliebt habe, habe ich schon erzählt. Eines meiner absoluten Lieblingsbücher war – und ist es heute noch – »Krabat«. Ich hatte nicht gedacht, dass sich meine Liebe zu den Preußler-Büchern noch weiter steigern ließe. Doch dann bekam ich eines Tages als Chef des Tonträgerunternehmens »Karussell« die Gelegenheit, den von mir verehrten Autor von Mensch zu Mensch kennenzulernen. Ich habe es nicht für möglich gehalten, aber die persönliche Beziehung zu ihm veränderte meine Emotionen, wenn ich danach seine Bücher noch einmal in die Hand nahm. Durch die Begegnung mit ihm haben sie noch einmal eine ganz neue Qualität für mich bekommen.

Inspiration, Tiefe der Beziehungen – miteinander reden macht dein Leben erst richtig spannend. Ein offener Austausch mit anderen Menschen bedeutet aber auch: raus aus der Komfortecke, in der es so schön gemütlich ist. Es ist natürlich sehr angenehm, wenn du dich nur mit Menschen umgibst, die ganz ähnlich ticken wie du selbst. Oder die dich in deinen Ansichten nur bestätigen. Wenn du dich aber auch mit anderen offen austauschst, musst du dich mit Neuem auseinandersetzen. Damit musst du umgehen können.

Und noch etwas kann dir passieren: Durch die geöffnete Tür wird nicht nur Schönes hereinkommen. In einer Familienkonferenz zum Beispiel sprachen meine Frau, ich und unsere beiden kleinen Kinder ganz offen darüber, was uns an den anderen auf den Keks geht. Da ging es erst mal wie erwartet ums Aufräumen und Tischdecken etc. Ich selbst fühlte mich super-sicher, wurde dann aber ordentlich vor den Kopf gestoßen. Denn statt zu hören: »Oh, Papa, du bist der allerbeste!«, musste ich erfahren, wie sehr ich alle anderen damit nerve, dass ich dauernd auf meinem Handy rumtippte – sogar in Anwesenheit der Kinder. Ich war richtig erschrocken, wie extrem sie das wahrgenommen hatten, und auch darüber, dass ich nicht gemerkt hatte, dass auch ein schnell getipptes »Kann jetzt nicht, rufe dich später zurück« total stört. Seitdem stelle ich das Smartphone konsequent auf lautlos, wenn ich mit den Kindern zusammen bin. Kein Bimmeln mehr, kein Vibrationsalarm oder sonst was.

Weil meine Offenheit meinen Gegenübern die Berührungsängste nimmt, hatte ich auch schon Gespräche,

> Ich hatte nicht gemerkt, wie sehr das stört.

die mich erschütterten. Wenn jemand von dramatischen Schicksalsschlägen berichtet, ist es für mich nicht leicht, damit fertig zu werden. Ich möchte hier aus verständlichen Gründen kein Beispiel geben, nur so viel sei gesagt: Solche Geschichten können mir tagelang nachhängen. Doch am Ende hat es immer beiden Seiten gutgetan, sich auf eine ganz besonders intensive Weise ausgetauscht zu haben.

Spökes auf Sylt

Willst du wirklich zulassen, dass dich andere Menschen inspirieren, dann musst du auch über deinen eigenen Schatten springen können. Ich habe genauso Vorurteile wie andere Menschen auch. Aber ich bemühe mich bewusst, diese Abwehrhaltung dem Unbekannten gegenüber immer wieder zu überwinden. So kann ich auch auf die Menschen zugehen, mit denen mich auf den ersten Blick nichts verbindet – und werde oft positiv überrascht. So wie zum Beispiel bei meiner ersten Begegnung mit Coach Bertold.

> Wer inspiriert werden will, muss seine Vorurteile überwinden.

Anfang der Neunzigerjahre schleppte mein damaliger Agenturchef – wie immer seiner Zeit eine Nasenspitze voraus – einen Mann namens Bertold Ulsamer an. Der war einer der angesagtesten NLP-Trainer auf dem deutschen Markt und sollte unsere interne Kommunikation verbessern. Wir waren acht Leute in leitender Position und die Grundstimmung unter uns war schon richtig gut. Doch unser Chef witterte Optimierungspotenzial und schickte uns mit dem Guru zu einem sogenannten »Off-Side« nach Sylt. Bertolds Methoden – Ommmmmm – fanden zunächst keinen großen Anklang bei der Truppe; dem ganzen »Psychozauber« standen wir sehr kritisch gegenüber. Und dann war da auch noch das Misstrauen: Will der uns etwa umprogrammieren? Screent der uns und erzählt dem Boss, wie wir ticken?

Die Entspannungsübungen bei Sphärenklängen stießen bei mir also auf Widerstand. Mein Kopf sagte »Nein«, mein Bauch »Naja«. Dann, beim Mittagessen, suchte ich das Gespräch mit unserem Coach und fragte ihn ganz einfach, ob er immer schon den Wunsch gehabt hatte, in diesem Feld tätig zu werden, was für Erfahrungen er gemacht hatte ... Überrascht stellte ich fest, dass das ein ganz geerdeter, bodenständiger und vertrauenswürdiger Mensch ist. Danach war meine Blockade gelöst und ich konnte mit Begeisterung mitmachen. Und es funktionierte tatsächlich! Das Coaching hat uns als Management-Team extrem weitergeholfen, wir wurden eine verschworene Gemeinschaft von Machern, die ihre persönlichen Eitelkeiten im Sylter Sand vergruben und im »Roten Kliff« mit reichlich Küstennebel Verbrüderung feierten. Fortan legten wir in der Agentur ein Erfolgsjahr nach dem anderen hin.

> Mein Kopf sagte »Nein«, mein Bauch »Naja«.

Es war nur ein wenig Offenheit notwendig gewesen, um aus meiner vorurteilsbehafteten Ablehnung Akzeptanz und schließlich auch Wertschätzung werden zu lassen. Der positive Einfluss dieser Beziehung ging am Ende sogar weit über den Erfolg im Agenturteam hinaus! Ich hatte auf Sylt entdeckt, dass Bertold der perfekte Sparringspartner für mich ist. So wurde gerade derjenige, dem ich anfangs so sehr misstraut hatte, für viele Jahre mein persönlicher Berater in beruflichen und auch privaten Dingen, der mir durch einige schwierige Lebenslagen hindurchhalf. Auch wenn ich in den letzten Jahren keinen Coachingbedarf mehr hatte, blieben wir in losem Kontakt. Als meine »10 Ratschläge« durchs Netz gingen, hat er sich bei mir gemeldet und war begeistert. Das war für mich ein Ritterschlag, der mich sehr glücklich gemacht hat.

Und noch etwas begann damals auf Sylt: Anfangs hatte es für mich keinen Sinn gemacht, wenn Bertold säuselte: »Jetzt denkst du an einen Moment, an dem du dich sehr wohl gefühlt hast.« Wie sollte das auch funktionieren, wenn ich auf einer dünnen Isomatte lag und mich total unwohl fühlte? Heute ist mir dieser Satz in Fleisch und Blut übergegangen: Wer weiß, ob es mein Räumchen mit den Timpo Toys gäbe, wenn Bertold mir damals nicht diesen Impuls gegeben hätte!

Die Sache ist also ganz einfach: Spring über deinen Schatten und sprich mit den Leuten! Mit Paketboten und dem Kassierer an der Tankstelle, mit deinem Sitznachbarn, kurz bevor in der Oper der Vorhang hochgeht, und mit der Sprechstundenhilfe beim Zahnarzt. Diese Gespräche werden dir etwas zurückgeben, neue Einsichten, Inspirationen, Impulse, menschliche Wärme ... Manchmal sind es auch ganz große Momente, die dir geschenkt werden. So wie ich einen mit Uwe erleben durfte.

Uns Uwe

Seitdem ein früherer Arbeitskollege mich zu diesem grundsympathischen Verein gebracht hat, bin ich leidenschaftlicher Fan des MSV Duisburg. Momentan sind wir Letzter in der Zweiten Liga, der Abstieg in die Dritte Liga winkt mal wieder und es gibt finanzielle Probleme – alles so wie immer also. Man muss schon viel Herzblut investieren, um zu den blau-weißen Zebras zu stehen. Aber genau darum geht es mir ja: die großartige, treue Liebe der Fans zu ihrem Verein. Ich frage dich: Kann man einen Verein *nicht* lieben, dessen Vereinsikone Bernard »Ennatz« Dietz ist? Ein außergewöhnlich bescheidener und grundanständiger Typ, Europameister von 1980 und gleichzeitig – dank seiner unverbrüchlichen Treue zu seinem chronisch abstiegsgefährdeten Herzensverein MSV – als der Fußballer mit den meisten Niederlagen in der Bundesligageschichte bekannt. Wenn die wunderbare Stadionhymne »Wir sind Zebras, weiß-blau, unser Club: der MSV« ertönt, dann ist das emotional kaum zu toppen.

> Fan der Letzten in der Zweiten Liga.

Der MSV ist mein Verein. Hier im Stadion bin ich im tiefsten Entspannungsmodus. Das Handy ist aus, der Beruf tausend Meilen weit weg. Es ist eine Oase der Lebensqualität. Es gibt hier nicht nur die beste Currywurst, hier triffst du auch das pralle Leben. Zum Beispiel Uwe.

Uwe sieht aus wie der nette Nachbar von nebenan, Halbglatze, Brille, nettes, offenes Gesicht. Wie ein Streichholz, das nicht angezündet ist; fällt aber ein Tor, dann leuchtet er auf. Wir liefen uns ein paar Mal über den Weg, weil wir immer im selben Block sitzen: ganz dicht am Rasen. Wir nickten uns zu, wenn wir uns sahen. Und irgendwann kamen wir ins Gespräch. Wir redeten über unsere Kinder – sein Sohn steht bei den Ultras in der Hardcore-Kurve – und teilten bei Torschüssen tiefste Emotionen. Uwe ist eben eine richtige Stadionbeziehung.

Eines Tages, Saisonende 2013, kurz vor Anpfiff des Spiels gegen Paderborn, das über den Verbleib in der Zweiten Liga mit entscheiden würde, hatte Uwe mitbekommen, dass unsere beiden jüngsten Kinder Josh und Holly – damals knapp 6 und 3 Jahre alt – kurzfristig als Einlaufkinder eingesprungen waren, weil die eigentliche Besetzung ausgefallen war. Uwe war kaum zu halten, fieberte regelrecht mit, als die beiden an den Händen von zwei MSV-Recken auf das Spielfeld liefen. Mannschaftskapitän Branimir Bajic nahm Holly sogar ganz fürsorglich auf den Arm, weil sie mit ihren kurzen Beinchen kaum mitkam – typisch MSV eben.

Als die Begrüßung vorbei war, rannten die Kinder wieder zurück zum Spielfeldrand, wo meine Frau schon auf unsere Jüngste wartete. Ich stand mit Uwe auf der Tribüne, wir teilten die Freude – und zitterten auch gemeinsam. Denn als Holly als

> Danke, Uwe!

allerletztes Kind allein vom Anstoßkreis zurücklief, unter dem begeisterten Applaus der gesamten Gegengerade mit den MSV-Fans, drohte sie über den Trikotsaum des riesigen Originaltrikots des Spielers Timo Perthel zu stolpern, das ihr fast bis zu den Knöcheln reichte. Aber es ging alles gut. Die gemeinsam getragene Freude (und Sorge!) hat uns sozusagen zu Blutsbrüdern gemacht. Als der MSV dann 3:2 gegen Paderborn gewonnen hatte, lagen Uwe und ich uns in den Armen.

Was für ein Erlebnis! Und was für eine unbezahlbare Erinnerung! Wir haben sogar eine Aufzeichnung vom Einlauf der Spieler und Hollys umjubeltem Homerun, denn der Sky-Kameramann hatte begeistert auf diese entzückende Szene draufgehalten. Aber richtig lebendig wird die Erinnerung nicht vor dem Fernseher, sondern wenn ich Uwe in der MSV-Arena wiedertreffe. Danke, Uwe!

Blauweiße Ringelsocken

Überall warten Möglichkeiten für Begegnungen. Du musst nur die Augen offen halten. Hier kommt wieder die positive Einstellung ins Spiel. Der negative Blick geht nach innen, er ist damit beschäftigt, all die vergangenen Dinge hervorzukramen und übelzunehmen. Der positive Blick geht nach außen und nach vorne, zu den Menschen und den Chancen, die sich bieten.

Du musst sogar noch nicht einmal mit den Menschen *reden*, um etwas über sie zu erfahren. Sie zu beobachten reicht schon aus, um Impulse für dein Leben zu bekommen. Paradebeispiel hierfür ist ein Erlebnis, das ich am guten alten Berliner Flughafen Tegel hatte. Ich hatte meinen Rückflug nach Köln verpasst, musste zwei Stunden in der Abflughalle warten. Andere ärgern sich in so einem Fall über die Verzögerung, ich setzte mich dagegen gemütlich an eine Bar, checkte meine Mails und gönnte mir einen Espresso. In aller Ruhe spazierte ich dann zur Sicherheitskontrolle hinüber und stellte mich in die Schlange. Schritt für Schritt kam ich dem Rollband näher, auf das die Passagiere ihre Taschen und Mäntel legen. Entspannt schaute ich um mich und bekam so eine kleine Szene mit, an die ich heute noch gerne denke.

Nicht weit vor mir stand ein Mann, dessen Sporttasche gerade durchleuchtet worden war. Der Sicherheitsbeamte bedeutete ihm, dass er die Tasche öffnen müsse, weil da ein unidentifizierbares Metallstück drin wäre. Der Reisende kam mir irgendwie bekannt vor, aber ich konnte ihn nicht sofort einordnen. Erst als er das Stück Metall aus der Tasche hervorholte und es dem Beamten zeigte, fiel bei mir der Groschen: Es war Dagur Sigurdsson, der Trainer der deutschen Handball-Nationalmannschaft, die einen Tag zuvor völlig überraschend die Europameisterschaft gewonnen hatte. Und das, was er den Beamten zeigte, war seine Goldmedaille.

Sigurdsson hatte die Medaille einfach in seine Wühltasche gelegt, ohne Etui, zwischen Schuhe und Socken. Der Security-Mann grinste ihn an und sagte: »Ist schon wertvoll, nicht?« Und Sigurdsson antwortete ganz freundlich: »Ach, darum geht es nicht so ...«

Während Sigurdsson auch noch seine knöchelhohen Schuhe ausziehen musste, dachte ich über diesen Mann nach: einer der besten Trainer überhaupt, in sich ruhend, kreativ und voller Leidenschaft für den Handballsport. Gleichzeitig ist er Gitarrist, Sänger und Geschäftsmann, der schon zehn, zwölf Firmen gegründet hat. Unter anderem ließen er und ein paar Freunde in Reykjavik eine alte Keksfabrik in ein Hostel für Backpacker umbauen, dazu betreibt er auch noch ein Restaurant und eine Kneipe. Diese Vielfalt spiegelt sich auch in seinen Trainingsmethoden wider: Mit seiner Mannschaft spielt er nicht nur Handball, sondern fordert sie auch auf ganz ungewohnten Gebieten. »Handballer sind intelligent«, hat er mal gesagt. »Deshalb muss ich meinen Leuten auch Futter geben.« Nächtliches Sightrunning durchs Berliner Regierungsviertel zum Beispiel. Alles was den Horizont erweitert, ist ihm recht. Aber im Spiel ist er 100 Prozent fokussiert, von der ersten bis zur letzten Minute.

> Futter für die Handballer.

Jetzt flog Sigurdsson nach Köln zu Stern TV. Ich freute mich tierisch, hier am Sicherheits-Check diesen tollen Menschen sehen zu dürfen, seine Gelassenheit mitzuerleben. Und dann kam für mich das Beste an der gesamten Szene: Als Sigurdsson seine Schuhe ausgezogen hatte, kamen seine Socken zum Vorschein: Sie waren blauweiß geringelt. Während des Heimfluges dachte ich lange über den Unterschied zwischen den Maßanzügen eines Pep Guardiola und dem Outfit von Dagur Sigurdsson nach.

Heul nicht!

Zum Schluss dieses Kapitels möchte ich von einer Begebenheit erzählen, die noch einmal ganz deutlich zeigt, dass es nicht nur die »Großen« sind, die dich mit ihren Geschichten inspirieren. Denn *jeder* hat eine Story zu erzählen. Man muss sie nur entdecken.

> JEDER hat eine Story zu erzählen.

Im November 2015 stellte die Supermarktkette Edeka einen Weihnachtsspot ins Netz, der Werbegeschichte schrieb: Ein alter Mann täuscht seinen Kindern seinen Tod vor, damit sie Weihnachten nach Hause kommen. Statt des Begräbnisses erwartet ihr quicklebendiger Vater sie an einer reich gedeckten Tafel, beim Weihnachtsessen finden sie als Familie wieder zusammen. Die Story schlug ein wie eine Bombe und rührte die Menschen zu Tränen. Bereits in der ersten Woche wurde sie über 30 Millionen Mal auf YouTube angesehen; kurz vor Weihnachten waren es dann 60 Millionen Klicks. Ein großartiger Erfolg für Edeka und eine richtige Glanzleistung von Jens Pfau, einem der Kreativen der Konkurrenz von Jung von Matt. Unglaublich viele Menschen hat dieser Spot zum Nachdenken gebracht.

Auch mir kamen die Tränen, als ich den Clip sah. Hat gut getan, Gefühle zu zeigen, gerührt zu sein – so richtig schön herzerwärmend. Und dann wäre die Sache auch schon wieder vorbei gewesen. Ich bin ja schließlich einer von den Guten: Bei mir daheim feiern wir alle gemeinsam Weihnachten – Großeltern, Kinder und Enkelkinder, alle zusammen unterm Baum, Kerzenlicht, Weihnachtsbraten ... alles bestens also.

Am nächsten Morgen saß ich mal wieder im Flieger nach Berlin und las die BILD. Der Kolumnist Franz-Josef Wagner griff den Edeka-Spot auf und fragte: »Wer von uns geht in diesen Weihnachtswochen in ein reales Altersheim, hält einem einsamen Mann, einer einsamen Frau die Hand?« Diese Frage traf mich ins Herz. Ich hatte auch vor dem Spot schon daran gedacht, mal ins Altersheim in meinem Stadtteil zu gehen und zu schauen, ob ich mich dort nützlich machen kann. Das typische Man-müsste-mal, aus dem dann doch nie etwas wird.

Aber jetzt war der Impuls endlich da, Edeka und FJ Wagner hatten mich in Bewegung gebracht.

> Das typische Man-müsste-mal.

Ein Bügeleisen im Rucksack

Am selben Tag flog ich wieder zurück, und direkt vom Flughafen Köln/Bonn fuhr ich zum Altersheim. Du weißt schon, da wohnen die alten Damen, die samstagmorgens schon vor mir beim Friseur sind.

Ich suchte eine Verantwortliche und wollte von ihr wissen, wie das denn mit den Alten hier ist. Sind die einsam? Kann ich was tun? Die Dame reagierte sehr professionell:

»Unsere Senioren werden hier von der Gemeinschaft aufgefangen.« Klar, würde ich auch sagen, wenn da plötzlich einer in der Empfangshalle steht und komische Fragen stellt. Ich bohrte weiter. Als klar wurde, dass ich wirklich aktiv werden wollte, kam dann doch heraus, dass viele der alten Menschen hier von ganz einfachen Dingen träumen: Gespräche, Lachen, Zuwendung, Gehört werden.

Per Handschlag verabredeten wir, dass ich von nun an alle zwölf Wochen vorbeikommen und einen lustigen und unterhaltsamen Abend mit den Senioren gestalten würde. »Hausgespräche« sollten diese Veranstaltungen heißen, zu denen ich jeweils zwei der Senioren auf einem Sofa interviewen wollte. Denn viele der Alten können nicht mehr gut lesen, aber zuhören und zuschauen können sie fast immer. Und sie sind dankbar, ein offenes Ohr zu finden.

Honorar? Ich schüttelte den Kopf. Darum geht es doch gar nicht! Das Altersheim sollte lieber ein paar Flaschen Sekt und guten Wein für den Abend besorgen.

Ich glaube, die Heimleitung war sich anfangs gar nicht sicher, ob aus dem Plan etwas werden würde. Aber kurz darauf, in meinem Weihnachtsurlaub, stand ich schon wieder auf der Matte, um für die Ausstattung zu sorgen und die Vorgespräche zu führen. Ich musste ja meine Talkgäste aussuchen und ein Gefühl für sie bekommen. An meinem ersten Abend würde ich eine ehemalige Produktionsleiterin beim Fernsehen befragen – heute würde man sie eine Producerin nennen – und einen 88-jährigen Werkzeugmacher, der es faustdick hinter den Ohren hatte.

Mitte Januar war der große Abend da: Vor dem Gemeinschaftssaal standen Dutzende Rollatoren und im Raum saßen fünfzig, sechzig Senioren erwartungsvoll an schön eingedeckten Tischen und hielten schon Gläser mit Sekt und Wein in der Hand. Zuerst holte ich die alte Dame zu mir auf das eigens aufgestellte rote Sofa. Sie war eine Wucht. Sie hatte Shows mit Caterina Valente, Vico Torriani und Co. produziert und kannte von all den deutschen TV-Stars jener Zeit die Macken. Die Zuschauer rissen die Augen auf: »Was! Das alles hat sie erlebt? Das wussten wir ja gar nicht!« Sie plauderte aus dem Nähkästchen. »War der Peter Kraus wirklich so wild?« – »Oh ja, das war einer! Der wusste ganz genau, wie er die Frauen mit seinem Lausbubencharme um den Finger wickeln konnte!« Sie erzählte so mitreißend, dass die alten Zeiten wieder auferstanden. Da war keiner im Saal, der nicht leuchtende Augen gehabt hätte. Die Stimmung war grandios.

Dann kam der Werkzeugmacher auf das Sofa. Als erstes erfuhren wir, dass er lange Jahre in Schweden bei Saab gearbeitet hatte. Wieder waren die Zuschauer höchst überrascht. Aber ich wollte ja nicht den Lebenslauf abfragen, mir kam es auf die Geschichten an, die aus einem scheinbar normalen Leben etwas ganz Besonderes machen. Gemeinsam kitzelten wir die Highlights heraus.

Ich fragte den alten Werkzeugmacher nach seiner ersten Liebe. Da erzählte er, dass er aus Bayern stammte, sich aber in ein Mädel aus Köln verliebt hatte. Zu allem Unglück war er auch noch ein paar Monate jünger als sie. Ihre Mutter stemmte sich gegen die Hochzeit und es brauchte eine Menge Irrungen und Wirrungen, bis unser Werkzeugmacher die Liebe seines Lebens doch noch bekam. Die Zuhörer im

> Sekt im
> Gemeinschaftssaal.

Saal hingen gebannt an seinen Lippen, sie waren gerührt, lachten Tränen, ließen die schönen Dinge auch ihres eigenen Lebens wieder auferstehen.

Und dann kam der gefühlte Höhepunkt des Abends: Der Werkzeugmacher erzählte, wie er seiner frisch angetrauten Frau seine Heimat zeigte und mit ihr eine Bergwanderung machte. Ganz der Kavalier schleppte er auch den Rucksack seiner großen Liebe und kam dabei richtig ins Schwitzen. Warum war der denn nur so sauschwer? Als sie Rast machten, packte seine Liebste den Inhalt aus: darunter war – ein Bügeleisen. Der alte Werkzeugmacher saß da bei mir auf dem roten Sofa und sagte ganz lapidar: »Ich weiß nicht, was sie mit einem Bügeleisen auf einem Berg wollte – ohne Strom ... Ich hab sie auch nicht gefragt. So war sie eben, meine liebe Frau.«

> »Ich habe sie
> nicht gefragt.
> So war sie eben.«

»Kommen Sie bald wieder!«

Kurze Zeit nach diesem ersten Abend schaute ich wieder im Altersheim vorbei. Die Betreuerinnen waren ganz happy. Sie erzählten mir, dass die Produktionsleiterin und der Werkzeugmacher plötzlich gefragte Leute waren, alle wollten mit ihnen Kaffee trinken. Aber auch untereinander sprachen die Senioren seit der Veranstaltung viel mehr miteinander. Sie waren neugieriger aufeinander geworden, hatten Lust, sich besser kennenzulernen.

Mittlerweile habe ich weitere Talk-Gäste im Altersheim interviewt. Und immer habe ich davon mindestens genauso profitiert wie die Senioren. In diesen Gesprächen kommt emotional so unglaublich viel rüber! So viel Freude an *einem*

Abend habe ich im Job selten erlebt. Für mich gibt es auch kaum etwas Schöneres, als wenn jemand zu mir sagt: »Herr Behrendt, das war wieder so ein schöner Abend! Kommen Sie bald wieder!« Beschwingt gehe ich dann nach Hause, voller positiver Energie und Glücksgefühle; ich kann kaum einschlafen, so aufgewühlt und angeregt bin ich!

Diese »Hausgespräche« alle drei Monate im Altersheim erfüllen mich mit unglaublich viel Sinn. Wie kann das sein? So wie jedes Gespräch, das dich mit Neuem konfrontiert, setzen sie etwas in Gang, das weit über den Tag hinausgeht: Sie münden in Beziehungen. Beziehungen zu Menschen, die dich inspirieren und dir die ganz besonderen Momente in deinem Leben schenken.

Kapitel 8: Master of Time

Lösch die Abwesenheitsnotiz auf deinem Mail-Account. Ich finde es stressiger, vor dem Urlaub Übergaben zu machen und nach Rückkehr wieder alles aufzuarbeiten. Unter der Palme im Urlaub zweimal täglich Mails zu checken und die wichtigen weiterzuleiten oder kurz zu beantworten, ist kein Ding, wenn man das Phone dann wieder in den Safe legt und an den Strand geht. Ab- und Umschalten kann man trainieren – und zwar im Kopf, nicht am Gerät.

Im Familienurlaub morgens und abends die geschäftlichen Mails checken? Das darf man doch nicht! Work ist Work und Life ist Life. Man darf auch nicht am Wochenende auf dem Stadtteilfest mit dem Azubi über Betriebliches sprechen oder gar nach Feierabend die Fragen des Kollegen der Spät-

> Auf dem Highway to Hell direkt in den Burnout.

schicht am Telefon beantworten. Denn wer die Grenze zwischen Arbeit und Freizeit nicht mit eiserner Entschlossenheit verteidigt, befindet sich auf dem Highway to Hell, oder besser gesagt: auf dem direkten Weg in den Burnout!

Sagt man.

Ich bin da ganz anderer Ansicht. Ich finde: Man darf sehr wohl die Grenze zwischen Arbeit und Freizeit etwas durchlässiger gestalten! Ich persönlich *will und muss* sogar »Work« und »Life« ordentlich durchmischen, um Spaß am Leben und am Job zu haben. Denn ich bin nicht deshalb so grundgelassen, weil ich meine Freizeit gegen das Arbeitsleben hermetisch abschotte und mir so ein paar »unbeschwerte« Stunden sichere, sondern ganz im Gegenteil: Ich kann tiefenentspannt sein, weil ich selbstbestimmt und sehr flexibel – und gleichzeitig mit einer klaren Strategie – zwischen Beruf und Privatleben herumspaziere. Warum das kein Widerspruch ist, wie das geht und wo die Fallstricke liegen, will ich in diesem Kapitel erzählen.

Mit Helfrieds Hilfe

Zusammen mit meinem Bruder Ulf habe ich früher Leistungssport gemacht. Rudern, Leichtgewichts-Doppelzweier. Im tiefblauen Trikot mit gelbem Brustring und dem Emblem des TSV Otterndorf. Unsere langen Arme und Beine übten eine sehr gute Hebelwirkung aus, das machte uns schnell. Aber das, was uns richtig erfolgreich machte, brachte uns unser Trainer Helfried Radeker bei: die strategische Planung eines Rennens.

Bevor es hieß: »Auf die Plätze – seid ihr bereit? – los!« hatten wir längst überlegt, wie wir das Rennen angehen würden. Weniger bei den kurzen Distanzen.

> Die 500 Meter pullst du einfach nur durch.

Die 500 Meter schaffst du in zwei Minuten, da pullst du einfach nur, was du kannst; bei 1.000 oder 2.000 Metern dagegen musst du mit deiner Kraft haushalten. Du fängst zum Beispiel mit einem Spurt an, danach lässt du es ein bisschen ruhiger angehen, hältst aber eine relativ hohe Schlagzahl. Vielleicht kommt vor dem Endspurt noch ein kleiner Zwischenspurt. Der Rennplan hängt aber nicht nur von der eigenen Tagesform ab, sondern auch von den Mitstreitern: Wie ticken die? Allzu siegesgewisse Gegner wiegten wir in Sicherheit, indem wir sie erst mal in Führung gehen ließen und dann, wenn sie schon ausgepumpt waren, an ihnen vorbeizogen. Bei wenig nervenstarken Konkurrenten fuhren wir eine andere Strategie: Wir setzten sie unter Druck, indem wir uns vom Start weg an die Spitze setzten und alles gaben, um den Abstand zu halten.

Mein Bruder und ich – später, bei Regatten, durften wir aus Altersgründen nicht gemeinsam rudern, da wurde dann Frank Spingat, ein exzellenter Tempomacher und gewiefter Taktiker, mein Partner – waren nicht die trainiertesten und leistungsstärksten Ruderer in unserem Umfeld. Aber mit Helfried Radekers Konzepten waren wir strategisch extrem gut aufgestellt. Und genau das war es, was die beiden Franks dann 1976 und 1977 zu niedersächsischen Landesmeistern im Leichtgewichts-Doppelzweier machte.

Die clevere Einteilung der Kräfte und das Wissen, was zu welchem Zeitpunkt »dran« ist – darauf kommt es nicht nur beim Rudern an. Sorgfältige Planung lässt mich auch heute erfolgreich sein. Bei jeder Aufgabe, die sich mir stellt, lege ich mir zuallererst eine

> **Erst nachdenken, dann loslegen.**

Strategie zurecht. Wenn ich zum Beispiel einen Pressetext verfassen will, frage ich mich: erst die Headline? Oder erst mal Material sammeln und am Ende etwas draus basteln? Mit voller Kraft loslegen, damit ich nach einer Viertelstunde schon was vorzuweisen habe? Oder lieber mehr Zeit in die Vorbereitung stecken? Ob man das jetzt Selbstorganisation nennt oder Planung – es geht immer um dasselbe: Erst nachdenken, dann loslegen.

Mädchen für alles im Zirkuszelt

Zugegeben: Das ist kein Geheimwissen – Bücher über Selbstorganisation gibt es am laufenden Meter. Doch ich bin immer wieder überrascht, bei wie vielen Menschen es im realen Leben mit der persönlichen strategischen Planung nicht so gut klappt.

Bei unseren Ausbildungsprogrammen in der Agentur schaue ich den Youngstern gerne über die Schulter. Wenn sie zum Beispiel innerhalb von zwei Stunden eine Kampagne für den Bereich Obst und Gemüse auf die Beine stellen sollen, beobachte ich immer wieder dasselbe: Die Teams starten mit Feuereifer und diskutieren auf hohem Niveau über kreative Ideen. Das macht ja auch Spaß. Nach 1 Stunde 22 Minuten sagt dann aber irgendjemand: »Oh, ich sehe gerade: Hier steht, dass die Aktionsidee schon in vier Tagen ins Netz gehen soll – Mist! Dann müssen wir ja noch mal umdenken!«

Die richtig Cleveren arbeiten da zielführender, sie machen erst mal einen Plan: Wer macht was? Wer schaut die zur Verfügung stehenden Unterlagen nach relevanten Informationen durch? Wer macht eine Zielgruppenanalyse? Wer hält den Kostenrahmen im Blick? Wer baut schon mal die Charts? Und so weiter.

Unorganisierte Menschen reagieren geradezu reflexhaft auf das, was ihnen gerade vor die Füße fällt. Jemand legt ihnen einen Stapel Post auf den Schreibtisch – sie bearbeiten ihn; ein Kunde ruft an – sie stellen ihm umgehend einen Überblick über den Stand seines Auftrages zusammen; der Azubi kommt herein, weil er etwas nicht verstanden hat – sie erklären es ihm. So geht es den ganzen Tag. Übrigens auch im privaten Bereich. Der eine sitzt gerade an der Steuererklärung und der Nachbar schellt und hat Lust auf ein Schwätzchen. Der

> Der Mir-fällt-was-
> vor-die-Füße-Reflex.

andere hat schon den Autoschlüssel in der Hand, weil er fürs Mittagessen einkaufen gehen will, da ruft Tante Gisela an – nach einer halben Stunde hängt er immer noch am Telefon und findet sich damit ab, dass es zu Mittag nur ein Butterbrot gibt.

Wer keinen festen Plan hat, an den er sich hält, wird von den Ereignissen überrollt und nur dann, wenn zufällig ein bisschen Freiraum übrigbleibt, kann er das erledigen, was er *eigentlich* machen will.

Natürlich gehört es zum Job, die Post zu bearbeiten, Kunden zu beraten, Kollegen nicht stehenzulassen. Und es ist auch wichtig, mit den Nachbarn und mit Tante Gisela zu sprechen – aber bitte: alles zur richtigen Zeit. Denn es ist ein gewaltiger Unterschied, ob du selbst entscheidest, was gerade dran ist, oder ob du immer wieder das, was du gerade in der Hand hast, wie eine heiße Kartoffel fallenlässt, weil mal wieder etwas Neues an deiner Aufmerksamkeit zerrt. Im einen Fall bewältigst du den Tag, im anderen wirst du gehetzt und bekommst nicht viel auf die Reihe. Solange du dich dauernd aus der Arbeit rausreißen lässt, liegt die Steuererklärung auch noch Ende Mai auf dem Schreibtisch – wetten? Wenn du also nicht nur Mädchen für alles im Zirkuszelt sein willst, musst du deine Arbeit organisieren, eine Struktur in den Tag bringen: Du nimmst dir etwas vor und ziehst es dann auch durch.

Am Anfang steht der grobe Überblick darüber, was in der nächsten Zeit dran ist. »Grober Überblick« bedeutet nicht etwa, dass die ungefähre Planung der nächsten Wochen nicht sorgfältig sein muss. Wenn hier der Wurm drin

> Heiße
> Kartoffeln.

steckt, kann es mit der feineren Planung für den Tag nicht klappen. Deshalb mache ich diese Timings nie im Büro, wo dauernd das Telefon klingelt und alle fünf Minuten einer reinschaut. Das geht nur in Ruhe, zum Beispiel draußen am Rhein. Dort habe ich den nötigen Abstand, um mit meinem elektronischen Timer auf dem Smartphone in der Hand überlegen zu können: »Wann braucht wer was? Was mache ich wann?«

Deadline-Getriebene ticken da ganz anders: immer alles auf den letzten Drücker. Für mich wäre das nichts. Deshalb sorge ich gleich für großzügige Pufferzeiten. Wenn der Kunde das Konzept am 29. des nächsten Monats erwartet, dann plane ich so, dass es drei Tage früher fertig ist. Zeitdruck gibt es sowieso durch allerlei Unvorhergesehenes, da muss ich nicht auch noch hausgemachten Stress dazupacken.

Next FB

Der Basis-Plan für die nächsten Wochen steht also. Wie bekommt man nun Struktur in den Tag? Ich finde, das fängt mit Ordnung an. Wenn ich früh morgens durchs Büro gehe, dann sehe ich viele unaufgeräumte Schreibtische. Ob sich ihre Besitzer in so einem »genialen Chaos« wohlfühlen? Es kann jeder so halten, wie er will. Mir kann aber niemand erzählen, dass es Lust auf den Tag macht, wenn einen zu Arbeitsbeginn ein zugemüllter Schreibtisch erwartet. Geschweige denn, dass er unter dieser Voraussetzung seinen Tag vernünftig planen kann.

Auch mein eigener Schreibtisch ist tagsüber zugedeckt mit Papieren, Belegen, Wasserflaschen und zwei Dutzend Post-its. Doch abends ist er leer. Clean. Das liegt unter anderem daran, dass ich extrem viel wegschmeiße. Krempel kommt weg: Ausdrucke vom gestrigen Arbeitsstand, Einladungen, die ich nicht annehmen will oder kann, Weihnachtskarten im Februar ... Erfahrungsgemäß wird ein großer Teil von dem, was auf so einem Chaos-Tisch herumliegt, irgend-

> Abends ist mein Schreibtisch leer. Clean.

wann weggeworfen, ohne dass es nochmal angeschaut wird. Warum also nicht gleich ab in den Papierkorb damit?

Der Hauptgrund für meinen aufgeräumten Schreibtisch ist aber ein ganz anderer: Ich plane meinen Tag schon am Abend zuvor durch. Wenn ich morgens an meinen Arbeitsplatz komme, erwartet mich eine freie Tischfläche – auf die kommt dann als erste Amtshandlung ein blauer Pappdeckel mit Gummiband und der Aufschrift »Next FB«. Das ist für mich der perfekte Start in den Tag.

Eine Mappe? Stimmt. Die anderen lachen darüber: Auch wenn ich ein bekennender Digital-Fan bin, strukturiere ich meinen Tag doch zu 100 Prozent analog. Der Eckspanner ist Made in Germany und kostet 40 Cent. Netto. Mehr Tool brauche ich nicht, um die Übersicht zu behalten. Die Mappe ist dazu da, einen Stapel Klarsichthüllen beieinander zu halten. Eine Aufgabe – eine Klarsichthülle; dazu noch ein gelbes Post-it drauf mit ein paar Hinweisen oder einer Deadline. Die Unterlagen in den Hüllen arbeite ich über den Tag Stück für Stück ab. Mit der Anzahl der Klarsichthüllen in meiner Mappe liege ich meistens richtig – lieber zu wenige als zu viele. Es nutzt ja nichts, mir dreißig Aufgaben vorzunehmen, wenn ich nur zehn schaffen kann. Das würde mir nur schlechte Laune machen. Wenn am Abend die Mappe leer ist, bin ich noch nicht fertig. Bevor ich nach

Hause fahre, bereite ich noch die Mappe für den nächsten Tag vor.

Natürlich ist kein Tag perfekt planbar. Ein Mitarbeiter fällt aus, ein Kunde braucht umgehend Unterstützung, ein Pressetext muss auf die Schnelle überarbeitet werden – was kurzfristig an neuen Aufgaben reinkommt und sofort erledigt werden muss, schreibe ich auf ein Post-it und arbeite es ebenfalls nach und nach ab. Es macht richtig Spaß, so einen gelben Zettel nach Erledigung zu zerknüllen und in den Papierkorb zu werfen.

Kein Tag ist perfekt planbar.

Kröten küssen

Warum erzähle ich das alles? Mein persönliches System gibt eine Vorstellung davon, wie so eine ausführliche Planung des Joballtags aussehen kann. Es ist das genaue Gegenteil von der »Ich lass mich mal überraschen, was heute so auf mich zukommt«-Haltung. Weil meine Planung den Korridor bestimmt, den ich nur noch entlanglaufen muss, arbeite ich den Pflichtteil des Tages effektiv ab und habe am Ende des Tages mehr Zeit für die Kür.

Nicht dass wir uns missverstehen: Nur die wenigsten der Tagesordnungspunkte kann ich selbst bestimmen, selbst in den Zeiten als Agenturchef gab es für mich kaum Spielraum. Da unterscheide ich mich nicht von einem Mitarbeiter, dem sein Vorgesetzter einen Aktenstapel auf den Schreibtisch legt. In meinen Klarsichthüllen versteckt sich so manche Kröte, die ich schlucken muss.

An dem, was ich den Tag über tun muss, kann ich nicht viel ändern, aber die Einstellung, mit der ich meine Arbeit erledige, die ist ganz und gar meine Sache. Statt die Kröten warten zu lassen, kümmere ich mich gleich schon am Morgen um sie, dann hab ich das hinter mir. Nachmittags sind die Aufgaben dran, die ich gerne mache und auf die ich mich freuen kann. Das gibt mir mehr Lebensfreude als sie jemand haben kann, der das Unangenehme vor sich her-schiebt – das Elend wird so ja nur verlängert.

Viele Leute wundern sich darüber, wie stark ich mein Leben durchgetaktet habe. Das ist nicht immer als Kompli-ment gemeint – dazu hört sich mein System viel zu unent-spannt und wenig lässig an, eher dogmatisch, fast schon ein bisschen neurotisch. Da bleibt gar kein Platz mehr für die schönen Seiten des Lebens, oder? Es ist genau anders her-um! *Weil* ich sehr strukturiert bin, verschwende ich kaum Zeit bei den notwendigen, von mir nicht beeinflussbaren Tätigkeiten in meinem Leben; je organisierter ich bin, desto mehr Freiräume habe ich für die Dinge, die mir am Herzen liegen – für die Familie, für mich und auch mal für Müßig-gang. Denn das muss ja auch mal sein: einfach so drauflos leben, ohne Strategie, ohne Plan – einfach nur genießen.

Wie viel Struktur du in deinem Leben haben willst, hängt von dir ab. Je mehr Struktur, desto mehr Effizienz und Zeitersparnis und desto mehr Zeit, die du nach eige-nen Vorstellungen füllen kannst. Jeder muss da den Modus finden, der zu ihm passt.

Driver's Seat

Ein Plan ist nicht alles. Du musst dich auch daran halten. Wie das geht?

Eigentlich habe ich jeden Tag dasselbe Ziel. Das lautet: Heute Abend will ich um 18.30 Uhr raus aus der Agentur sein (was nicht unbedingt bedeutet, dass ich dann auch Feierabend habe). Deshalb bin ich schon gegen 8 Uhr 30, oft vor den meisten anderen, im Büro. Bevor ich den ersten Kaffee trinke, habe ich schon eine oder zwei Klarsichthüllen abgearbeitet. Und auch im weiteren Tagesablauf fokussiere ich mich auf meine Arbeit und lasse mich nicht ablenken, wenn ich das nicht will. In Köln zum Beispiel sitze ich zusammen mit einer Kollegin im Büro, mit dem Rücken zur Tür. Wenn einer reinkommt und sich an die Kollegin wendet, dann bekomme ich das natürlich mit. Doch damit die Störung minimal bleibt, drehe ich mich nicht mal um. Ich mache weiter. Nach einer kurzen Gewöhnungsphase nimmt das auch niemand mehr krumm. So kann ich Dinge, die ich angefangen habe, auch zu Ende bringen. All dies gelingt mir, weil ich mein 18.30-Uhr-Ziel vor Augen habe.

Hasse ich meinen Job? Natürlich nicht! Mir ist es nur wichtig, über meine Arbeit, die ich mit Leidenschaft mache, nicht mein Privatleben zu verlieren. Würde ich meinen Job nicht mögen, würde ich ihn auf Dauer nicht durchstehen, egal, wie gut ich ihn strukturiere.

Mit der Strategie des konsequenten, durchdachten Abarbeitens bin ich das genaue Gegenteil eines Über-den-Tag-Quälers. Heute lautet seine Aufgabe zum

Erst mal 'nen Kaffee.
Schlurf, schlurf ...

Beispiel: den Verteiler pflegen. Darauf hat er verständlicherweise keine große Lust. An seiner Stelle würde ich die Sache möglichst schnell hinter mich bringen, doch ein Über-den-Tag-Quäler braucht eine Weile, bis er auf Betriebstemperatur kommt. Also holt er sich erst mal 'nen Kaffee. Schlurf, schlurf. Dann kommt jemand vorbei und es wird rumgequatscht. Eine halbe Stunde später ist draußen auf der Straße ein Martinshorn zu hören, schon hängt er am Fenster: »Was ist los?« Wird irgendwo im Büro gelacht, läuft er hin und fragt: »Was war denn?« So ist er zwar dauernd auf Achse, fühlt sich sogar gehetzt – aber er bekommt nicht viel gebacken.

Moment mal! Darf man jetzt während der Arbeit noch nicht mal mehr lachen oder aus dem Fenster schauen? Aber darum geht es doch gar nicht! Weiter vorne im Buch habe ich darüber geschrieben, wie wichtig es ist, auch mal eine Pause zwischendurch zu machen und mit anderen zu reden. Die Frage ist: *Wer bestimmt*, wann die Zeit für eine Pause gekommen ist? Du? Oder lässt du dir das von irgendjemand anderem oder gar von einer Krankenwagensirene vorsagen? Anders gefragt: Sitzt du auf dem Fahrersitz oder bist du nur Beifahrer?

Über-den-Tag-Quäler vernichten Zeit, weil sie dankbar für jede Ablenkung sind. Der Preis, den sie dafür bezahlen müssen, ist hoch: Weil sich die Arbeit ja nicht von allein erledigt, hocken sie – wenn ihr Laden nicht generell um 16 Uhr 30 dicht macht – auch

> Jammern ist kein Lösungsansatz.

abends um acht noch im Büro. Manchmal pflegen sie sogar noch mit Hingabe einen weiteren Zeitfresser erster Güte: Sie jammern darüber, wie wenig Zeit sie haben und wie überfordert sie sind. Unglaublich, wie viele Stunden damit verbrannt werden können! Jammern ist nun mal kein Lösungsansatz.

Auf manche der Über-den-Tag-Quäler wartet daheim keine Familie, sondern nur ein leeres Nest. Vielleicht ist das ein Grund, warum sie unbewusst die Zeit, die sie mit der Arbeit verbringen, in die Länge ziehen. Oft sind es aber Menschen, auf die ein Privatleben wartet und die wirklich lieber rechtzeitig zu Hause wären. Sie leiden unter dem als viel zu hoch wahrgenommenen Workload.

Zugegeben: Das Portrait des Über-den-Tag-Quälers mag überspitzt sein, aber er ist alles andere als eine Schießbudenfigur. Er ist überfordert, weil er nicht bei der Sache bleibt und so mit seiner Arbeit nicht zurechtkommt. Er ist unentspannt und gehetzt. Für Lebensfreude ist da nur wenig Raum. Erst wenn er Strategien entwickelt, effizienter zu arbeiten, verbessert sich seine Lebensqualität.

Krisen, Hetze, Überstunden

Das Thema Effizienz liegt mir am Herzen. Denn es geht um noch viel mehr, als durch gute Planung die Stunde Zeit zu gewinnen, die man abends früher nach Hause gehen kann. Ich denke, ein guter Teil der Probleme, die wir in der heutigen Arbeitswelt haben, rührt daher, dass viele Menschen nie gelernt haben, ihre Arbeit zu strukturieren.

Stressbedingte psychische Erkrankungen sind ein gravierendes Problem. 2014 hat die Bundesanstalt für Arbeitsschutz und Arbeitsmedizin allein die Produktionsausfallkosten in Deutschland für das Jahr 2012 auf sechs Milliarden Euro geschätzt. Und das ist ja nur der Schaden, den die Unternehmen tragen müssen. Die Gesundheitskosten kommen da noch drauf. Die eigentliche Katastrophe liegt natürlich nicht in den finanziellen Verlusten, sie besteht darin, dass es so viele Menschen gibt, die unter ihrem Job leiden. Und das sind nicht nur diejenigen, die durch Fehlzeiten von der Statistik entdeckt werden. Da sind auch all die Über-den-Tag-Quäler, die sich in ihrem Job überlastet fühlen und kreuzunglücklich sind.

Manchem mag diese Sichtweise merkwürdig vorkommen, geradezu ein Hohn: »Ach! Auf einmal sind die Angestellten selbst schuld daran, dass sie vor lauter Arbeit, die ihnen aufs Auge gedrückt wird, nicht mehr wissen, wo ihnen der Kopf steht, kaum ein Privatleben haben und manchmal sogar in den Burnout getrieben werden?«

> »Er will noch mal über die Präsentation sprechen. Jetzt.«

Es stimmt, dass gerade die PR- und Werbebranche als überaus arbeitsintensiv verrufen ist. Der Grund ist der extreme Zeitdruck – Vieles muss schnell und sofort gehen. Da gehen die Lichter im Büro oft erst spätnachts aus und auch die Wochenenden sind nicht immer heilig. Bei allen Top-Agenturen weht derselbe Wind: Krisen, Hetze und Überstunden sind fast schon der Normalfall. Da hat sich einer den Tag über abgestrampelt, dass er mal zeitig nach Hause gehen kann, und dann steht um kurz nach sechs der Vorgesetzte in der Tür und sagt: »Der Kunde XY hat gerade angerufen, er will noch mal über die Präsentation sprechen. Jetzt.« Auch mir passiert es manchmal, dass mir etwas kurz vor Feierabend dazwischengrätscht, trotz aller strategischen Planung.

Aber – und ich weiß, dass ich mir nicht nur Freunde mache, wenn ich das sage – es sind nicht immer nur die bösen Arbeitsbedingungen, die einen Mitarbeiter sein Privatleben kosten. Um das Problem der Arbeitsüberlastung von Menschen sinnvoll angehen zu können, muss man beide Seiten im Auge behalten: Natürlich gibt es Chefs, die ihre Mitarbeiter mit einem ungeheuren Workload zuschütten – auch wenn sie eigentlich wissen müssten, dass Mitarbeiter ohne Privatleben kein Unternehmenszweck sein können. Die objektive Arbeitsbelastung *kann* also tatsächlich aufgrund schlechter Organisation durch die Unternehmensführung zu hoch und für den Einzelnen extrem belastend sein, es ist aber nicht immer so.

Denn es gibt eben auch Mitarbeiter, die sich nicht gut organisieren und bei hoher Umdrehungszahl nur wenig Strecke machen. Wenn neun von zehn Leuten in einer Stunde 100 Schrauben schaffen, und einer schafft nur 70 Schrauben, dann ist vor allem *er* es, der ein Problem darstellt, nicht sein Chef.

Es fehlt den 70-Schraubern häufig an Struktur, und das merken diese Menschen auch. Weil sie es selbst nicht können, halten sie Ausschau nach etwas, das ihnen die Einteilung ihres Lebens abnimmt.

Handy in der Badehose

Eine ganz einfache Methode, Struktur ins Leben zu bekommen, hat in den letzten Jahren für Furore gesorgt: Ich meine die Einteilung eines Lebens in »Work« und »Life« und die geradezu mantraartig vorgebetete Forderung, beides müsse »ausbalanciert« sein – vom manager magazin bis zur Bild-Zeitung, von der Apotheken-Umschau bis zur Hörzu haben alle in dasselbe Horn gestoßen. Für jemanden, der gerade auf einen Burnout zusteuerte, war es natürlich eine befreiende Erkenntnis, wenn das Modell der Work-Life-Balance ihm die Augen dafür öffnete, dass er auch »Nein« sagen kann, wenn er in seiner Freizeit von seinem Vorgesetzten angerufen wird. Das ist ja schon mal ein kleiner Schritt in Richtung Selbstbestimmung.

Auf der anderen Seite ist dieses wie mit der Axt zurechtgehauene Modell nicht sehr realitätsnah. »Work« wird offenbar als Zeit gesehen, die nicht dir selbst gehört, die du absitzen musst, bevor es endlich ans »Life« mit Freizeit und Spaß geht. Mir ist so eine Einteilung viel zu holzschnittartig, als dass sie in

> Wie mit der Axt zurechtgehauen.

meinem Alltag großen Sinn machen könnte. Zum einen ist es oft gar nicht mehr so klar, was als Freizeit, was als Arbeit gewertet wird. Die Grenzen verschwimmen. Man kann dagegen ankämpfen. Ich wähle die andere Variante: Ich akzeptiere es. Mache es mir zunutze. Und ich fahre gut damit.

Mein eigentlicher Einwand ist aber ein anderer: Im Grunde ist die Sache mit der »Work-Life-Balance« wieder nur eine von außen aufgedrückte Regel – von 9 bis 18 Uhr gehst du zur Arbeit, und danach gibt es die Freizeit. Nach diesem Modell *darf* ich im Urlaub meine Mails nicht lesen. Und eigentlich auch nicht um 15 Uhr an den Rhein gehen, wenn gerade ein wenig Luft im Terminplan ist. Aber ich habe den Anspruch, die Regeln für mein Leben selbst zu machen. Und für mich gilt: Ich will mich nicht am ersten Arbeitstag nach dem Urlaub durch 600 Mails wühlen müssen. Das wäre für mich tausendmal stressiger, als ein-, zweimal am Tag in meinen Account zu schauen. Also schalte ich im Urlaub morgens und abends mein Smartphone an und erledige Wichtiges. Ganz entspannt. Das ist *meine* Art, die zu *mir* passt.

Darum geht es: Es gibt so viele feste Regeln im Leben, so viele To-dos, die du nicht beeinflussen kannst, so viele Abläufe, die gesetzt sind! Du kannst nicht bestimmen: »Das Meeting lasse ich ausfallen.« Oder: »Den mit dem Kunden abgesprochenen Termin verlege ich mal auf eine Woche später.« Je nach Job gibt es mehr oder weniger Möglichkeiten, den Tag nach eigenen Vorstellungen zu gestalten. Ein Landwirt zum Beispiel kann in großem Umfang über seinen Tag bestimmen. Stark vereinfacht ist das so: Wenn er Kühe hat, kommt

> **Um das Melken kommt er nicht herum.**

er um das Melken zu festen Zeitpunkten nicht herum, und er hat auch keinen Einfluss darauf, wann es Frost gibt und wann eine sommerliche Trockenheit seinen Feldern gefährlich wird. Doch den Rest des Tages entscheidet er, natürlich in gewissen Zeitfenstern, wann er was wo anbaut, düngt, spritzt, erntet. Selbst in der Agenturbranche – und ich denke, das ist eine der am stärksten von Zeitvorgaben und Krisen bestimmten Branchen überhaupt – können über den Daumen gepeilt 20 Prozent der Zeit beeinflusst werden. Das gilt für alle: vom Trainee bis zum Agenturchef. Das bedeutet, dass du durch 80 Prozent durch musst, möglichst ohne Extra-Schleifen, aber das andere Fünftel deiner Zeit im Job wartet darauf, dass du es clever gestaltest – und genießt.

Niemand sollte sich mehr als notwendig vorschreiben lassen, was er wann und auf welche Weise tut. Auch nicht von der Idee einer Work-Life-Balance. Ich hole im Urlaub zweimal am Tag das Handy aus dem Hotelsafe. Andere können anders entscheiden: Das Handy gleich ganz zu Hause lassen, oder auch mit dem Smartphone in der Badehose herumlaufen. Völlig egal. Hauptsache, es ist ihre eigene Entscheidung und ihren persönlichen Bedürfnissen und Vorstellungen – und denen ihrer Familie – angepasst.

Der Umschaltknopf im Kopf

Schon lange ist es für viele Arbeitnehmer Realität, dass nicht pünktlich »Feierabend!« gebrüllt wird. Statt der von außen gesetzten, starren Grenzen ist heute das Umschalten im Kopf gefragt – und das ist eine Kunst für sich. Jedes Mal, wenn du die Räume wechselst, braucht es *deine* Entscheidung: »Jetzt bin ich für die Familie da.« Oder: »Jetzt lese ich Mails, auch wenn es 22 Uhr ist.« Oder: »Ich bin zwar im Urlaub, aber ich will trotzdem wissen, wie sich das XY-Projekt entwickelt.« Um mir die Sache zu erleichtern, schaffe ich mir Routinen, die mir den Break zwischen den verschiedenen Bereichen unbewusst klar machen: »Jetzt ist wieder was anderes dran.« Ein paar Beispiele:

- Mein Räumchen mit den Timpo-Toys-Figuren aus meiner Kindheit funktioniert wie eine Schleuse. Jeden Morgen schaue ich hinein, um Kraft zu tanken, und gleichzeitig ist das für mich das Signal: raus aus der Familie, rein in den Beruf.

- Wenn am nächsten Tag ein wichtiger Termin ansteht, möchte ich noch mal am Abend einen *final check* machen. Also gibt es, wenn die Kinder im Bett sind, einen Switch. Dann sitze ich daheim mit dem Hemd über der Hose in einem gemütlichen Sessel und gehe die Unterlagen

> Final check
> der Unterlagen –
> zu Hause.

durch. Nie am Tisch, denn zu dieser Tageszeit will ich keine Arbeitsatmosphäre haben. Wenn im Hintergrund irgendeine Trash-Sendung im Fernsehen läuft, bin ich happy. Das unterhaltsame Dahingeplätscher empfinde ich als extrem entspannend und lenkt mich beim Schreiben, Durchlesen, Redigieren nicht ab. Manchmal höre ich auch Musik oder auch mal gar nichts. An etwa drei Abenden der Woche daheim arbeiten: stresst mich nicht.

- Im Fußballstadion schalte ich das Handy komplett aus. Ich nutze es auch nicht wie viele andere, um mir ein geschossenes Tor oder ein Foul noch mal in Slow Motion anzuschauen oder Ergebnisse auf anderen Plätzen zu checken. Live-Fußball ist für mich Freizeit pur, da hat auch mein Smartphone Pause. Schon allein deswegen, weil ich nur zwei Hände habe, und in der einen ist schon die Currywurst und in der anderen der MSV-Schal. That's it.

- Keine Dienstfahrt mit dem Auto ohne Ritual: die Fahrertür klappt zu – Handy aus – CD rein. Denn Auto-Zeit ist für mich Hörbuch-Zeit. Wenn ich zum Beispiel die dreieinhalb Stunden von Köln nach Stuttgart fahre, dann ist für mich klar, dass ich zwischendurch eine Pause mache – nach zwei Stunden fängt das Auto an zu piepen. Ich find dieses Warnsystem gut, würde es niemals abschalten. Weil ich in Zwei-Stunden-Blöcken fahre, ist auch für meine Kollegen klar, wann ich an einer Raststätte parke und meine Mails checke.

Mit diesen Ritualen und Routinen schaffe ich es, mit den Gedanken nicht weiterzuspinnen. Sobald ich im Auto das Hörbuch starte, denke ich nicht mehr an das, was zehn Minuten vorher war. Wenn ich meine Tochter im Kindergarten abgegeben habe, schalte ich beim Ausparken im Kopf um und bin dann ganz auf den Beruf eingestellt. Mit Hilfe dieser bewusst gewählten, alltäglichen Gewohnheiten kann ich das, was ich mache, konzentriert angehen.

Lichtspiele

Eine Struktur in den Tag zu bringen lässt die Arbeit in Summe nicht weniger werden. Aber sie hilft dir dabei, besser mit dem Tag fertig zu werden. Denn all die Pflichtaufgaben, die du abarbeiten musst, fallen dir leicht – schon allein deshalb, weil du sie schnell wieder vom Hals hast, wenn du dich fokussiert um sie kümmerst.

Wenn du dann auch noch das, was du selbst (mit)bestimmen kannst, clever planst, hast du einen weiteren großen Schritt in Richtung Lebensqualität gemacht. Ich kann mich noch gut erinnern, wie meine Eltern mit uns nach Schule, Sport oder

> Die Arbeit wird nicht weniger, aber schöner.

Musikunterricht zum Einkaufen fuhren, denn die Läden machten damals noch knallhart um Punkt 18.30 Uhr dicht. Wir waren quengelig, hatten keine Lust, der Einkauf war eine Tortur. Ich kenne genug Familien, die machen es heute immer noch so. Obwohl die Supermärkte inzwischen oft länger aufhaben. Mein REWE-City um die Ecke sogar bis 22.00 Uhr. Sensationell. Da können die Kids sich am Nachmittag einkaufsfrei von Kindergarten und Schule erholen, und das Besorgen der notwendigen Dinge für den nächsten Tag wird auch mal in die Abendstunden verlegt. Da ist auch weniger los, so dass man ruckzuck fertig ist. Andere nutzen die Mittagspause oder erledigen die Tageseinkäufe vor dem Job. Besagter Supermarkt bei mir um die Ecke öffnet praktischerweise bereits um 8.00 Uhr.

Das Ausnutzen solcher Möglichkeiten klingt trivial, macht aber eine Menge aus. Indem du eingefahrene Abläufe anders strukturierst, bekommst du mehr Freiraum, den du für dich oder andere sinnvoller einsetzen kannst.

Eingebettet ist das Ganze bei mir in eine positive Grundeinstellung. Mit der gelingt es manchmal sogar, eine ungeliebte Tätigkeit zu einem Höhepunkt des Tages zu machen. Mit Zahlenmeetings habe ich das nie geschafft, dafür aber mit einer anderen lästigen Aufgabe, die früher für mich ein echtes Ärgernis gewesen ist.

Alle paar Monate muss ich an einem Samstag das Familienauto mit all dem zwischenzeitlich angefallenen Elektroschrott, den Holzplatten, dem Sperrmüll vollpacken und beim Wertstoffcenter entsorgen. Nein, geliebt habe ich die Rumsteherei in der Autoschlange vor den Containern ganz und gar nicht – der Samstagvormittag war hin. Aber es war notwendig.

Und dann kam Josh.

Als mein Sohn sechs Jahre alt war, nahm ich ihn mit zur Kippe. Ab diesem Tag wurde alles anders. Für ihn ist es das Größte, dabei helfen zu dürfen, den Schrott akribisch auf die unterschiedlichen Container zu verteilen. In einem von ihnen ist sogar eine riesengroße Walze installiert, die alles plattmacht, womit sie gefüttert wird. Der könnten wir stundenlang zuschauen. Wir begutachten, was Leute wegschmeißen, genießen den rauen Ton der Sheriffs in den orangefarbenen Warnwesten. Tausend Sachen sind zu entdecken, jedes Mal wieder aufs Neue: die großen Maschinen, das Zeug, das die Bastler abgreifen, bevor es in die Presse kommt, die Kennzeichen der anderen Autos ... Reines Entertainment!

Heute sehe ich diese Samstagvormittage aus einer ganz neuen Perspektive, ich freu mich richtig, wenn mal wieder eine Ladung fällig ist. So wurde aus einem ungeliebten To-do tatsächlich ein Highlight.

Es sind die kleinen Erfolge, die zu großer Zufriedenheit führen. Und es sind oft nur Details, die du optimieren musst, um mehr Platz für Lebensfreude zu gewinnen. Jeder Raumplaner wird dir sagen, dass mit einer einzigen Lampe, die anders eingesetzt wird, die Gesamtwirkung eine ganz

> Kleine Erfolge führen zu großer Zufriedenheit.

andere sein kann. Und jeder Fußballtrainer, dass die Einwechslung eines einzigen Spielers ein ganzes Spiel drehen kann.

Es geht um die mindestens 20 Prozent jenseits des Pflichtteils deines Lebens, die du beeinflussen und gestalten kannst. Wenn du davon nur einen Teil beherrschst – selbst wenn es nur ein Bruchteil dieser 20 Prozent ist – kann aus einem nervigen Job schon ein Job werden, der in Ordnung ist. Und aus einem »Na ja«-Leben eines, für das man morgens gerne aufsteht.

Kapitel 9: Vertrauen ist der Anfang von allem

Mein Kürzel lautet fb und nicht cc. Befrei dich vom Informationswahn. Vertrau den Mitarbeitern und lasse dich von ihnen lieber regelmäßig persönlich updaten. Das ist effizienter und gibt im Face-to-Face auch Raum für die wichtigste interne Währung: ein Lob.

Der Betrug platzte, als unser Auftraggeber einen Anruf bekam: »Entschuldigen Sie, da liegen einige Paletten Mayonnaise Ihrer Firma bei uns im Wald. Die können Sie dort nicht liegen lassen.« Der Kunde rief uns an: »Was ist da los?« Das ganze Ausmaß der Katastrophe wurde klar, als uns auch noch die Nachricht erreichte, dass ein mit Mayonnaise voll beladener LKW an einer polnischen Verbrennungsanlage stand. Irgendein heller Kopf hatte angerufen und nachgefragt: »Aber das Mindesthaltbarkeitsdatum ist doch noch in Ordnung!« Der Worst Case war eingetreten.

Die Promotionagentur, für die ich damals arbeitete, war beauftragt worden, die Einführung von Hellmann's Mayonnaise in Deutschland mit einigen Millionen Probierpäckchen zu begleiten. Mit der Auslieferung der Wurfsendungen, die neben einer Werbebotschaft und einem Rezepttipp eben auch eine Warenprobe enthielt, hatten wir einen Subunternehmer beauftragt, der auf die Verteilung von Werbemitteln an Privathaushalte spezialisiert war. Stichprobenweise prüften wir über Gebietsleiter, ob die Päckchen wirklich verteilt worden waren. Auch der Subunternehmer meldete regelmäßig, wo überall seine Trupps unterwegs gewesen waren.

Alles schien korrekt abzulaufen. Womit wir nicht gerechnet hatten, war die kriminelle Energie des von uns angeheuerten Unternehmers. Er war nicht der billigste gewesen, aber er hatte den besten Eindruck gemacht. Doch er spielte falsch. Mit ausgeklügeltem Vorgehen hebelte er unser Check-System aus. Am Ende war nicht mal mehr nachvollziehbar, wie viele Päckchen verschwunden waren, es müssen ein paar Hunderttausend gewesen sein.

> Er hatte den besten Eindruck gemacht. Doch er spielte falsch.

Diese Wochen Anfang der Neunzigerjahre als eine unangenehme Situation zu beschreiben, wäre eine Untertreibung. Als Generalunternehmer standen wir unserem Kunden gegenüber in der Pflicht. Der Schaden für die Einführungsstrategie der Mayonnaisen-Firma war nicht wiedergutzumachen; allein finanziell gesehen war er immens. Die Sache hätte für unsere Promotionagentur schwerwiegende Folgen haben können. Gut, dass wir detailliert nachweisen konnten, dass wir es nicht an Sorgfalt hatten fehlen lassen – und dass Hellmann's sich uns gegenüber fair verhielt. Der Subunternehmer, der unser Vertrauen missbraucht hatte, um seinen Gewinn zu maximieren, ist aufgrund der Regressforderung pleitegegangen. Er kam dann auch noch wegen Insolvenzverschleppung in den Knast.

Die Sache hat mich ziemlich mitgenommen. Du wirst angelogen: kaum zu verzeihen. Dein Vertrauen wird mit Vorsatz ausgenutzt: irreparabler Schaden für die Beziehung.

Vier Streifen am Ärmel

»Vertrauen ist der Anfang von allem« hieß mal der Claim der Deutschen Bank. Den habe ich immer schon gut gefunden, denn er ist einfach wahr: Vertrauen ist Anfang und Basis aller Beziehungen. Und Beziehungen sind alles. Eine Ehe ohne Vertrauen hätte ihren Namen nicht verdient. Eine Freundschaft genauso wenig. Im Arbeitsleben gilt das Gleiche. Du musst dich zum Beispiel darauf verlassen können, dass dein Arbeitgeber eine saubere, ordnungsgemäße Unternehmensführung abliefert und auch dein Gehalt bezahlen kann. Und er wiederum soll davon ausgehen dürfen, dass du auch wirklich das bist und kannst, was du im Bewerbungsgespräch versprochen hast.

Jeder Flug, jede Bus- und jede Taxifahrt ist Vertrauenssache. Deshalb ist es ja so erschütternd, wenn ein Pilot seine Maschine willentlich gegen einen Berg fliegt und 149 Menschen mit in den Tod reißt, so wie es 2015 geschah. Mich hat die Geschichte, so wie alle anderen auch, sehr erschüttert. Mein Alltag ging trotzdem weiter: Ich musste viel fliegen – mit einem sehr mulmigen Gefühl. Doch die Piloten taten etwas ganz Wunderbares. Sie stellten sich in der Zeit nach der Katastrophe vor Beginn jeder Reise in die Flugzeugtür und begrüßten ihre Passagiere persönlich: »Danke, dass Sie uns das Vertrauen schenken, mit uns zu fliegen.« Diese Geste hat mich sehr beeindruckt; es war ein sehr menschlicher Umgang damit, dass das Gefühl der Sicherheit verloren gegangen war und wiedergewonnen werden musste. Allein, dass ich die Gesichter derjenigen sehen konnte, denen ich mein Leben anvertraute, half mir über das Gefühl des Ausgeliefertseins hinweg. Längst steige ich wieder ohne unangenehme Gedanken ins Flugzeug.

Jeder Mensch muss mit extremen Vertrauensbrüchen fertig werden, die sehr persönlich, aber auch weniger per-

> Diese Geste hat mich sehr bewegt.

sönlich gemeint sein können. Eine Handvoll solcher Er-
schütterungen kommt im Laufe eines Lebens wohl zusammen. Doch unterm Strich sind sie sehr selten. Es ist also
nicht sinnvoll, mit einer Der-legt-mich-bestimmt-rein-
Grundhaltung durchs Leben zu gehen. Denn gegenseitiges
Vertrauen ist die Voraussetzung dafür, dass ein Zusammen-
leben von Menschen überhaupt funktionieren kann.

Die schaffen das!

Woran erkennt man, ob ein Team vertrauensvoll miteinan-
der umgeht? Ein Indikator dafür, wie eine Mannschaft tickt,
sind cc-Mails. Quer durch die Hierarchien ist es für jeden
Absender eine Sache von zwei Sekunden, schnell mal eine
Adresse in die cc-Zeile zu kopieren. Der Adressat hat dann
den Schwarzen Peter: Er muss die Mail lesen, vielleicht sogar
noch einen hunderte Megabit schweren Anhang mit seinen
Augen abscannen und entscheiden: Interessiert mich das?
Muss ich was machen oder nicht? Meistens ist das nicht der
Fall, denn sonst wäre er ja direkt adressiert worden.

Eine ungeheure Zeitverschwendung! Doch warum gibt
es dann in vielen Unternehmen eine wuchernde cc-Kultur?
Oft liegt es an dem fehlenden Vertrauen. Es
sind nicht nur Führungskräfte, die per Mail genau informiert werden wollen, was ihre Mitar-

> Wenn was schiefgeht,
> rollen Köpfe.

beiter tun, um im »erwarteten Notfall« sofort reingrätschen
zu können. Auch auf den unteren Rängen tummeln sich
Leute, die Schwierigkeiten damit haben, dass jeder seinen
persönlichen Stil hat. »Nur wenn ich es selbst mache, wird
es gut gemacht« – diese nickelige Einstellung reicht in jeden Bereich der beruflichen Zusammenarbeit hinein: Wer

cc-Mails einfordert, der lässt sich auch die Korrespondenz vorlegen und malt seinem Kollegen in den sonst fehlerfreien Brief an den Kunden statt »freundliche Grüße« ein »mit freundlichen Grüßen« hinein. Möglichst noch mit Rotstift.

Die Ursache für unverhältnismäßig viele cc-Mails in einem Unternehmen kann sogar noch desaströser sein. Wo ein Klima der Angst herrscht und Köpfe rollen, sobald mal was schiefgeht, ist es eine Frage des Überlebens, per cc-Mail-Flut Verantwortung abzuwälzen. Dann dient jede *Carbon Copy* als Rückversicherung für den Absender. Im Ernstfall kann er dann sagen: »Ihr wusstet doch Bescheid! Ich hab's euch doch gemailt!«

Ich persönlich will nicht über jeden Schritt informiert werden, den meine Kollegen tun. Warum sollte ich also cc-Mails lesen? Wollte ich täglich über 50 oder 100 Sachverhalte informiert werden, wäre ich entweder kontrollsüchtig und hätte Probleme mit dem Loslassen – oder ich würde auf Angst als Antriebsfeder setzen. Beides nicht mein Fall. Ich hätte auch nicht die geringste Lust, in Arbeit zu ersticken, weil ich das, wozu mir die Zeit fehlt beziehungsweise was ich nicht so gut kann, nicht delegiere.

Ganz im Gegenteil: Ich habe immer extrem viel Vertrauen in meine Mitarbeiter gesetzt und Talente massiv gefördert. Einen Vertrauensvorschuss zu geben, das ist mein Stil. Ich gebe gerne zu, dass mir oft gar nichts anderes übrig blieb. Die Unternehmen, für die ich arbeitete, wuchsen sehr schnell, und es gab manches Mal zu wenig erfahrene Mitarbeiter. Also bekam der Nachwuchs Chancen zur Entwicklung, die eigentlich zwei Nummern zu groß für ihn waren. Nach dem Lehrbuch

> Eigentlich zwei
> Nummern zu groß.

hätten die Youngster mit ihren neuen Aufgaben überfordert sein müssen. Doch es ist fast immer gut gegangen. Auch wenn ich in der Regel Zeit für Nachbesserungen einkalkulieren musste und ich auch hin und wieder in der Auswahl derer, denen ich einen Vertrauensvorschuss gab, danebengegriffen habe, stand unterm Strich ein dickes Plus.

Die Sache mit den cc-Mails ist für mich ein Schnell-Check dafür, ob in einem Unternehmen vertrauensvoll zusammengearbeitet wird. Auch wenn es für mich persönlich nicht in Frage kommt, kann es allerdings auch vernünftige Gründe für eine Informationspolitik geben, in der möglichst alle alles wissen. Deshalb kommt hier ein zweiter unfehlbarer Lackmustest für Vertrauen: Was passiert, wenn mal was schiefgeht?

Die Kunst, Fehler zu machen

Ein typischer Fehler im Büro: Einem Kunden wird die gesamte Mailkonversation mitgeschickt – das kann ziemlich peinlich sein. Oder der Junior, dem die Verantwortung für einen Folder übertragen wurde, hat eine Datei ohne die eingearbeiteten Korrekturen freigegeben. Ärgerlich, aber die Welt dreht sich weiter. Dann muss eben noch einmal neu gedruckt werden. Die meisten Fehler lassen sich ja mit einer Schippe mehr Arbeit wiedergutmachen. Notfalls muss man etwas Geld in die Hand nehmen. Wann geht es schon mal um so hohe Geldbeträge, dass die Haftungsfrage im Raum steht? Und selbst in so einem Horrorszenario springt im Normalfall die Versicherung ein.

Ich selbst mache auch Fehler. »Bringen Sie nur Ihren USB-Stick mit, hier ist alles vorhanden«, hatte der Kunde

gesagt. War ein gutes Gefühl, sich lässig vor die versammel-
te Mannschaft zu stellen, den USB-Stick aus der Anzugta-

sche herauszuholen und an das Equipment
anzudocken. Weniger angenehm war es, dass
das erste Bild nicht zur aktuellen Präsentation gehörte, sondern ein Bild aus »Herr der
Ringe« war: Aragorn mit Schwert. Siedend heiß fiel mir
ein, dass ich den richtigen Stick mit einem Post-it gekenn-
zeichnet hatte (nicht sehr schlau) und dass ich den gelben
Zettel noch mal neu hatte aufkleben müssen, nachdem er
im Koffer abgefallen war (auch nicht viel intelligenter). Die
zehn Minuten, bis die richtige Datei aus der Agentur über-
spielt worden war, überbrückte ich mit weiteren »Herr der
Ringe«-Bildern, zu denen ich vor einem durchaus Tolkien-
kundigen Publikum über die Zukunft der PR-Branche
sprach. Dieser offene Umgang mit meinem Fehler hat mir
und meiner Agentur am Ende mehr Punkte eingebracht als
die Präsentation selbst.

Einige Zeit später traf ich bei einer Management-Kon-
ferenz in Harvard einen Top-Redner aus Argentinien. Er
erzählte mir, dass er oft bei Vorträgen ein Problem einbaut
– ganz bewusst und aus taktischen Gründen. Er macht
eine Show daraus, die Situation kurzweilig zu überbrücken, während er an dem Projektor herumfummelt oder
Verbindungskabel neu zusammensteckt. Das lockert die
Stimmung enorm auf – und er »beweist« seinem Publikum,
wie gut er Probleme lösen kann. Das geht mir zu weit. Ich
finde, dieses Vorgehen überschreitet eine gewisse Linie im
authentischen Umgang mit dem Gegenüber. Aber es zeigt,
dass man Fehler sogar zur Kunstform erheben kann.

Wichtig ist: für den Fehler geradestehen. »Ach, mit ein bisschen Glück merkt der Chef/der Mitarbeiter/der Kollege/der Kunde nichts« ist keine Option. Wenn einer in einer Mail den Namen des Adressaten falsch geschrieben hat oder gar *Herr* Meier statt *Frau* Meier in der Anrede steht, dann hilft nur eine smarte Mail mit einer offenen Entschuldigung, die hinterhergeschickt wird: »Sorry, da war ich wohl mit meinen Gedanken ganz woanders.« Und wenn versehentlich ein fehlerhaftes Produkt ausgeliefert wird, sollte man sich ein Beispiel an Autofirmen nehmen: Ihnen ist ihre Reputation mehr wert als die Abermillionen, die die Rückrufe technisch nicht einwandfreier Fahrzeuge kosten.

Noch schlimmer als Vertuschung ist, wenn der Fehler auf jemand anderen abgewälzt wird. Ich habe in Beruf und Privatleben immer wieder mit windelweichen Erklärungen zu tun. »Da hat der Azubi den Verteiler nicht richtig gepflegt«, heißt es dann,

> Chance verschenkt. Schade!

oder: »Mein Kollege muss noch eingearbeitet werden.« Schade! Da hat einer die Chance verschenkt, mit einer persönlichen Entschuldigung interne oder externe Beziehungen zu vertiefen. Und wo bitte ist der Respekt vor dem armen Kerl, der als Sündenbock herhalten muss?

Happy Birthday!

Jede Zusammenarbeit, die gut gelaufen ist, lässt das Vertrauen wachsen. Ausnahmesituationen werden miteinander durchlitten, das schweißt zusammen. So wird aus Vorschuss-Vertrauen ein begründetes Vertrauen – und im besten Fall sogar blindes Vertrauen. Das heißt, du kannst dich zu 100 Prozent auf den anderen verlassen. Deshalb arbeiten Profis meist nicht mit dem billigsten Dienstleister, sondern mit dem, von dem sie wissen, dass er seinen Job zuverlässig und gut macht. Dann können sie den Alert-Modus im Kopf abschalten und haben ihn frei für anderes.

Mit jedem Grad an Vertrauen wächst auch der Grad der Wertschätzung. So wie das Vertrauen ist auch die Wertschätzung zunächst einmal etwas Stilles, etwas, was in dir selbst stattfindet. Der Trick ist, dieser Wertschätzung Ausdruck zu verleihen. Man muss sie den Leuten zeigen! Denn erst dann entfalten Vertrauen und Wertschätzung ihre geradezu magischen Kräfte. Mit Kleinigkeiten fängt es an.

Meine allererste Amtshandlung jeden Morgen: den Geburtstagskindern unter den Mitarbeitern der Agentur gratulieren. Die entsprechende Namensliste ist der Inhalt der obersten Klarsichthülle in meiner Next-FB-Mappe. Jeden Tag. Bin ich vor

> **Kostet Zeit, aber es lohnt sich.**

Ort, gratuliere ich persönlich, per Handschlag. Sonst per Mail. Aber ohne Textbausteine. Denn eine Standardmail, in der nur der Adressat ausgetauscht wird, kann man sich sparen. Bekomme ich solche Massenware privat von meiner Bank oder meiner Versicherung, bin ich eher irritiert als erfreut. Also überlege ich, was das Besondere an dem Menschen ist, dem ich gratulieren will. Vielleicht ist er gerade in Doha unterwegs? Dann google ich kurz, was denn gerade in der Hauptstadt Katars los ist. Oder ich suche im Netz ein passendes Bild, denke mir einen witzigen Spruch dazu. »Ich wünsche Dir auch im neuen Lebensjahr immer mehr Kuchen als Krümel« – dazu ein Foto vom glücklichen Krümelmonster aus der Sesamstraße. Das kostet Zeit, aber es lohnt sich. Wenn der Trainee in München sich wie ein Schneekönig freut, dass der Chef ihm schreibt und auch nicht vergessen hat, dass sie sich mal übers Extremklettern unterhalten haben, dann ist es die drei Minuten wert.

Beste Grüße, dein Franky

Genauso wie die Menschen, mit denen ich zusammenarbeite, erwarten dürfen, dass ich mich zu besonderen Tagen bei ihnen melde, dürfen sie auch davon ausgehen, dass ich ihnen fröhlich und freundlich begegne. Das ist das Mindestmaß an Wertschätzung, das ich ihnen schuldig bin. Denn auch wenn ein Unternehmen in erster Linie dem Erzielen von Gewinn dient – da sollte sich niemand etwas vormachen – hat jeder Mitarbeiter ein Recht auf ein angenehmes Umfeld. Damit meine ich nicht nur eine ordentliche Kaffeemaschine und die Möglichkeit, irgendwo zu Mittag zu essen, wo es nicht wie in einer Legebatterie zugeht. Sondern auch einen Umgang, der jemanden nicht wie ein Kästchen mit Nummer behandelt.

Deshalb beginne ich jede, wirklich jede Mail mit einem Gruß: »Lieber Martin« zum Beispiel, oder »Liebe Christine«. Und am Ende kommt ein »Beste Grüße«. Die 1,4 Sekunden, um eine Mail mit diesem Mindestmaß an Höflichkeit auszustatten, sollten drin sein. Ich weiß, dass es in Amerika

> 1,4 Sekunden für ein Mindestmaß an Höflichkeit.

anders gemacht wird: »Frank, deliver the figures until 12. John.« *Time is money*. Stimmt, aber *money* ist nicht alles.

Auch Weihnachtsfeiern, Jubiläen, Abschiede und andere offizielle Zusammenkünfte sind für mich eine Gelegenheit, Wertschätzung zu zeigen. Manche machen das aus dem Stegreif, und das nicht unbedingt schlecht. Ich setze mich allerdings immer schon am Abend zuvor hin und schreibe auf, was ich in meiner Rede sagen will. Warum mache ich das? Ich könnte doch locker aus dem Stand heraus eine halbe Stunde lang den ganzen Saal unterhalten. Ich mache mir die Mühe, weil ich auf keinen Fall etwas vergessen will. Nichts ist schlimmer als ein Chef, der nur einen Teil der Mannschaft lobend erwähnt und einen anderen, der das genauso verdient hätte, nicht. Oder der sogar nur schnell das Glas hebt und sagt: »Das war ein erfolgreiches Jahr. Und wir wollen uns auch nächstes Jahr anstrengen. Das Buffet ist eröffnet.« Statt Jahresrückblick-Gefasel möchte ich all denen, die viel Zeit und Herzblut in die Firma investiert haben, wertschätzend begegnen. (Ich weiß, ich habe es an anderer Stelle schon einmal gesagt, aber ich wiederhole es, weil es mir wichtig ist: Was am Ende lässig und wie improvisiert aussieht, ist das Ergebnis konsequenter Arbeit.)

Und noch eine Art, Wertschätzung zu zeigen, will ich anführen: klare Pläne und faire Deadlines. Das kennst du bestimmt auch, dass ein Vorgesetzter oder ein Kunde sagt: »Ich brauche das sofort, umgehend, asap.« Du setzt dich also hin, machst Überstunden, um das Gewünschte hinzubekommen, bist ein bisschen stolz, dass du tatsächlich rechtzeitig fertig wirst – und dann erfährst du zufällig, dass das Ganze beim Auftraggeber noch eine Woche lang unangetastet auf dem Schreibtisch herumgelegen hat. Diese Gedankenlosigkeit finde ich unverschämt und alles andere als wertschätzend. Außerdem rächt sich unzureichende oder sogar fehlende Planung von Arbeitsabläufen. Garantiert.

Schon allein, weil jeder weiß, dass bei den Terminen von Herrn Meier immer jede Menge Luft drin ist.

Moment mal!, sagst du vielleicht. Der Frank Behrendt hat doch auch geschrieben, dass er bei Abgabeterminen immer auf genügend Pufferzeit achtet! Stimmt. Das ist aber kein Widerspruch. Denn es ist ein himmelweiter Unterschied, ob ich rechtzeitig dafür sorge, dass ich und alle Mitarbeiter im Projekt nicht noch kurz vor Ende in unangenehme Zeitnot geraten – oder ob da jemand sitzt, der sich sagt: »Mir doch egal, ob andere sich ein Bein ausreißen müssen! Hauptsache, ich habe es auf dem Tisch und alle Zeit der Welt, mich in aller Ruhe irgendwann, wenn es mir reinpasst, damit zu beschäftigen.«

Wenn ich jemandem sage: Abgabetermin ist Dienstagnachmittag 15 Uhr, dann ist das auch tatsächlich der Termin, zu dem das Ding fertig sein soll. Keine Stunde später. Hier kommt wieder das Doppel Wertschätzung/Vertrauen zum Vorschein: Ich traue meinen Leuten zu, dass sie mich nicht hängenlassen – und ich begegne ihnen mit Wertschätzung, indem ich ihnen keine Fantasie-Abgabetermine nenne.

> Klare Pläne,
> faire Deadlines.

Nah am Puls

»Führungskräfte sollen wertschätzend sein«, heißt es. Aber was *ist* wertschätzend? Da gibt es komplett unterschiedliche Interpretationen. Einige Beispiele aus *meiner* Welt habe ich soeben gegeben. Doch der für mich wichtigste Ausdruck von Wertschätzung fehlt noch: Ich interessiere mich für meine Mitarbeiter. Gut, dass ich von Natur aus so gestrickt bin, dass ich das Gespräch mit Menschen suche. Selbst wenn

Inspirationen durch andere Menschen für mich kein Lebenselixier wären, würde ich allein schon aus der Sorgfaltspflicht eines Vorgesetzten seinen Mitarbeitern gegenüber jede Gelegenheit nutzen, neue Gesichter kennenzulernen und mich auszutauschen. »Wie läuft's? Hast du schon eine neue Wohnung gefunden? Ist dein Junior wieder gesund?«

Projektbesprechungen, Arbeitsmeetings – das sind alles Gesprächsanlässe, die sich am Wegesrand ergeben. Oder ich erfahre, dass gerade jemand einen Preis bekommen hat, da setz ich mich doch mal zu dem an den Schreibtisch. Manchmal sehe ich auch jemanden an meinem Büro vorbeigehen und rufe in den Gang hinein: »Komm doch mal rein, setz dich mal kurz.« Erst im persönlichen Gespräch merke ich, ob jemand ein Problem hat oder nicht. Das kann mit der Arbeit zusammenhängen oder auch der pubertierende Sohn sein. Würde ich Dienstanweisungen per Mail schicken und mich durch Wochenmappen über den Fortgang der Projekte informieren lassen, hätte ich keine Ahnung, was los ist, und könnte auch keine Lösungen anbieten.

Perfekte Gelegenheiten, einen Kollegen auch mal etwas näher kennenzulernen, sind Autofahrten zum Kunden. Zwei Stunden hin, zwei Stunden zurück, Zeit genug, um über alles Mögliche zu reden. Nach einer Fahrt ins Sauerland weiß ich alles über meinen Mitfahrer. Und der weiß alles über mich. Selbst die 20 Sekunden im Fahrstuhl sind wertvoll, um auf die Schnelle einen Eindruck zu gewinnen.

> Die wertvollen 20 Sekunden im Fahrstuhl.

Wertschätzung kostet Zeit. Zum Teil stimmt das. Weil ich durch mein effektives und strukturiertes Arbeiten viel Zeit einspare, kann ich diese »Mehrarbeit« leisten: Effizienz macht Wertschätzung möglich. Oft geht es aber nur darum, all die Gelegenheiten, die sich von ganz allein bieten, zu nutzen.

Von Angesicht zu Angesicht

Zeit kostet auch eine weitere Facette der Wertschätzung, nämlich immer ansprechbar zu sein. Ich weiß, ich habe im vorigen Kapitel gesagt: »Lass dich bei deiner Arbeit nicht ablenken!« Doch wenn jemand fragt: »Hast du mal zehn Minuten? Ich will dich mal anzapfen, ich brauche eine Idee«, kommt es für mich nicht in Frage, »Jetzt nicht« zu rufen. Auch dann nicht, wenn der Azubi mit seinen Sorgen in der Tür steht und mir ganz andere Dinge auf den Nägeln brennen.

Denn »Jetzt nicht!« ist keine Perspektive. Lieber sage ich: »Ich bin hier gerade mittendrin – können wir uns in einer Stunde zusammensetzen?« Oder: »Lass uns doch heute Mittag mal einen Happen zusammen essen gehen.« Ein kurzer Blick in den Terminkalender genügt, um den nächstmöglichen Slot zu erkennen. Für einen Austausch finde ich immer Zeit; eine Viertelstunde ist immer drin.

> »Jetzt nicht!« ist keine Perspektive.

Für mich macht es keinen Unterschied, ob ein Vorgesetzter oder ein Trainee mich sprechen möchte. Hierarchien sind mir egal. Ich gehe davon aus, dass einer es sich gut überlegt hat, wenn er meine Arbeit unterbricht. Also höre ich ihn an. Auch wenn sein Anliegen sich dann aus meiner Sicht als weniger wichtig erweist, weiß ich doch aus meinem Respekt und meiner Wertschätzung heraus: Für ihn hat es eine Bedeutung.

Manchmal geht es um Zwischenmenschliches, einer fühlt sich zum Beispiel in seinem Team nicht wohl. Das ist ja nicht schlimm; dass zwischen Menschen die Chemie nicht stimmt, kommt vor. Meine Aufgabe ist es dann, als Mediator für eine Lösung zu sorgen, ohne jemanden vor den Kopf zu stoßen. Es kann auch um private Probleme gehen. Dann bin ich als Mensch gefragt. Ich bin sehr froh darüber, dass ich offensichtlich auch in solchen Fällen als Gesprächspartner tauge. Um dieses Vertrauen zu verdienen, hilft kein Titel auf der Visitenkarte.

Leute, für die persönliche Gespräche unter der Kategorie »Facetime« laufen, haben dieses Vertrauen wenig verdient. Ich mag das Wort Facetime nicht besonders, denn es hört sich stark nach Exceltabelle an. Oder nach einem Punkt auf der Agenda, der abgehakt werden muss. »Ich muss mich mal wieder blicken lassen. Aber mehr als vier Minuten sind für den Kollegen XY nicht drin, sonst rutsche ich ins Minus.« – So funktioniert das nicht. Denn echte Wertschätzung hat nichts mit einem »Um zu« und einem »Was bekomme ich dafür?« zu tun. Am Ende des Tages geht es immer um Menschen. Trotz aller Digitalisierung bleibt das entscheidend, was uns wirklich ausmacht: Anteilnahme, Vertrauen, Wertschätzung.

»Danke, dass du da bist!«

Zur Wertschätzung gehört auch das offene Feedback. Organisatorisch vorgesehen ist meist ein Jahresgespräch, in dem dein Vorgesetzter dir eine Rückmeldung geben muss, wie er dich und deine Leistung einschätzt. Aber das ist ja nur eine Formalie. Da geht es um Personalnummer, Bewertungsbogen, Kennzahlen ... »Die Gehaltserhöhung darf x Prozent nicht überschreiten.« Wenn sich das Feedback auf solche Gespräche beschränkt, wundert es mich nicht, wenn einer sagt: »Der Chef kennt mich doch gar nicht.«

Dabei ist es so leicht, einfach mal zu sagen: »Danke, du machst einen tollen Job!« Da fällt keinem ein Zacken aus der Krone. Weder einem Vorgesetzten noch einem Mitarbeiter. Weder im beruflichen Umfeld noch im privaten Alltag.

> **Da fällt kein Zacken aus der Krone.**

Wo immer sich die Gelegenheit ergibt, lobe ich. Nicht nur im Büro, auch im Hotel, auf einem Flug, an der Supermarktkasse. Kürzlich wurde ich in einem Restaurant am Frankfurter Hauptbahnhof von einer ganz besonders freundlichen und kompetenten Servicekraft bedient. Ich sagte ihr das, sie hat sich total über dieses Lob gefreut; ich kann mir vorstellen, dass sie weitaus häufiger die schlechte Laune genervter Reisender abbekommt. Ich bin sogar beim Rausgehen noch beim Restaurantchef vorbeigegangen und sagte ihm: »Dank Ihrer perfekten Mitarbeiterin darf ich jetzt mit dem Gefühl in den Zug steigen, ich hätte zu Hause gefrühstückt.« So hab ich gleich drei Leuten den grauen Morgen heller gemacht: der Servicekraft, dem Restaurantleiter – und mir selbst.

Es muss auch nicht immer um eine direkte Leistung gehen. Einfach ein kleines Dankeschön »dafür, dass du da bist«, lässt die Beziehungen untereinander wertvoller werden. So wie es einer meiner absoluten Lieblings-TV-Spots, die Merci-dass-es-dich-gibt-Werbung, so wunderbar besingt. Als die »10 Ratschläge«, die ich ja während des Wartens im Friseursalon in Köln-Rodenkirchen geschrieben hatte, ihre ungeheure Resonanz entwickelten, wollte ich diesen Erfolg auch mit den Friseurinnen feiern. Das hätte ich nicht tun müssen; es hätte keinem etwas gefehlt. Aber weil ich Champagner besorgt und bei einem der nächsten Termine mitgebracht habe, gingen sie alle ganz besonders beschwingt in den Feierabend.

Menschen loben durch die Bank zu wenig. Oft vergessen sie es einfach. Wenn man sich nur so durch das Leben fräst, dann fehlt einem oft der Überblick: »Hey, das war richtig gut! Eine besondere Leistung.« Manchmal steckt aber auch System dahinter.

> »Nicht gemeckert ist genug gelobt.«

»Nicht gemeckert ist genug gelobt«, erklärte meine wunderbare Ex-Kollegin Sabine launig die eher zurückhaltende Attitüde einiger ihrer Klienten: Der andere soll doch bitte schön auf dem Teppich bleiben, bloß nicht abheben. Da frage ich mich: Kann man denn zu viel loben? Auch die sehr Selbstsicheren, die offenbar kein Lob nötig haben, sehnen sich danach und wissen es zu schätzen. Das kann ich aus eigener Erfahrung bestätigen.

Natürlich muss ein Lob auch begründet sein, es muss etwas Besonderes bleiben. Ein automatisiertes Dauer-Lob verliert seine Qualität. Kennst du nicht auch Eltern, die zu ihrem Sprössling sagen: »Felix, gaaanz toll gemacht«, sobald Junior lustlos drei Striche aufs Papier gebracht hat? Und ein Lob muss von Herzen kommen. Bei Show-Lobern, die nur ein taktisches Ziel verfolgen, ist das nicht der Fall. Solche Effekthascher sind schnell durchschaut, Kollegen und Mitarbeiter haben schnell raus, wenn jemand schleimen oder manipulieren will.

Gegen die Wand gepresst

Eines Tages stand in der Agentur eine Neuordnung im Team an. Die neue Organisation war mit den Bereichsleitern abgesprochen, alles in Butter. Um die Sache vom Tisch zu haben, schrieb ich eine – aus heutiger Sicht etwas kühle und knappe – Mail. »Damit ist das Thema durch«, dachte ich. Was ich nicht auf dem Schirm hatte, waren zwei Dinge. Erstens: Besser wäre es gewesen, die Mitarbeiter im persönlichen Gespräch zu informieren; das wäre für sie auch gleich die Gelegenheit gewesen, Rückfragen zu stellen. Wenn ein Youngster einen neuen Chef bekommt, dann ist das für den schließlich keine Nebensache. Und zweitens hatte ich durch mein vorschnelles Handeln den Teamleitern keine Gelegenheit gegeben, die Sache auf ihre Weise zu kommunizieren. Sie fühlten sich übergangen.

Eine Teamleiterin kam zu mir und machte mich darauf aufmerksam, wie unsensibel mein Vorgehen gewesen war. Zuerst war ich betroffen – denn sie hatte ja Recht, das sah ich sofort ein! Und dann ... freute ich mich. Ich empfand ihre konstruktive Kritik als sehr wertschätzend und habe mich darüber mindestens so sehr gefreut wie über ein dickes Lob.

Merkwürdig: Im Privaten kann stundenlang darüber diskutiert werden, wer auf welche Weise die Spülmaschine einräumt – und das ist auch ganz richtig so. Wenn das ein Nerv-Faktor ist, dann *muss* darüber geredet werden. Aber im Job fehlt so

> Ohne Kritik bist du lost in space.

eine offene Auseinandersetzung oft. Dabei verbringst du wahrscheinlich mehr Zeit mit den Kollegen als mit deiner Familie. Du kannst es dir also gar nicht leisten, *nicht* offen

Kritik zu üben, wenn sie angebracht ist. Ohne einen gewissen Respekt und Toleranz geht es natürlich nicht. Wenn jemand zum Beispiel über mich sagt: »Der Typ mit seiner Begeisterungsattitüde geht mir auf den Keks«, dann finde ich das voll in Ordnung. Da habe ich kein Problem mit. Ich *brauche* sogar diese Rückmeldungen!

Ab einem bestimmten Hierarchie-Level besteht sogar höchste Gefahr: Da bekommst du nur noch selten Kritik zu hören. Dann hast du keine Vorgesetzten mehr, die dich zum Personalgespräch bitten, sondern du wirst nur noch über Fakten und Zahlen bewertet. Wenn dann auch noch Kollegen und Mitarbeiter keine offene Kritik mehr äußern, bist du *lost in space*. Das ist der Grund, warum eine Der-Chef-hat-immer-Recht-Mannschaft das Schlimmste ist, was dir passieren kann.

Ich habe auch einige Kritik für die »10 Ratschläge« einstecken müssen. Manchmal war sie konstruktiv, dann konnte ich sie gut annehmen und reflektieren. Manchmal ging sie aber auch in Richtung Neid und Missgunst, Polemik und Häme. Das muss ich akzeptieren. Ich freue mich, dass meine Ratschläge polarisieren, für Resonanz sorgen und der Auslöser für Debatten sind. Denn gerade in einer Zeit, die gefühlt immer schneller tickt, müssen wir darüber reden, wie wir künftig arbeiten und (weiter-)leben wollen.

Per Liegendtransport zu Standing Ovations

Dass es Menschen gibt, die Kritik nicht gut vertragen können, weiß jeder. Es gibt aber auch diejenigen, die ein Lob nicht gut annehmen können; sie winken ab, brummeln was vor sich hin. Das kann zwei Gründe haben: Derjenige, der lobt, wird von ihnen nicht respektiert. So eine »Der kann mir viel erzählen«-Reaktion ist ein Zeichen für eine kaputte Beziehung und sollte einem zu denken geben.

Viel häufiger handelt es sich aber um reines Understatement, um ein Kokettieren mit der eigenen Leistung: »Ich hab doch nur meinen Job gemacht.« Das finde ich nicht unsympathisch. Hinter der Bescheidenheit leuchtet genau dieselbe Freude, wie bei einem, der unter einem Lob sichtbar aufblüht.

Als ich noch in Hamburg bei der Polygram arbeitete, war da auch ein unglaublich loyaler Typ beschäftigt, der überall unter seinem Kürzel KJB bekannt war. Als Mädchen für alles war er die gute Seele der ganzen Abteilung. Wo immer es etwas zu reparieren, zu

> »Da nich für!«, sagte KJB.

organisieren oder zusammenzubauen gab – KJB sorgte dafür, dass alles zum rechten Zeitpunkt fertig war. Eines Tages hatte er sich genau zur Messezeit den Fuß gebrochen. Wie sollte nur der Karussell-Messestand ohne KJB aufgebaut werden? Auf einmal stand er in der Halle – mitten im größten Chaos und mit dickem Gipsfuß. Er hatte sich von seiner Frau auf der Ladefläche seines Kombis liegend zur Messe fahren lassen, um die Arbeiten zu überwachen. Als wir ihn hereinhumpeln sahen, gab es für ihn einen Spontan-Applaus. Ich war erleichtert und dankbar, dass er uns nicht hatte hängen lassen. Und ich sagte ihm das auch. Und KJB? Der winkte nur ab und sagte: »Da nich für.« Ein typischer Hamburger eben. Aber ich weiß genau, dass er sich über die Anerkennung seines ganz besonderen Einsatzes unheimlich gefreut hat.

Auf Facebook gibt es den Like-Button. Du drückst drauf und zeigst damit einem Facebook-Teilnehmer, dass du ihn gut findest. Und wenn du selbst ein Like auf deiner Facebook-Seite bekommst, weißt du, dass irgendwo auf der Welt jemand für dich auf das Symbol mit dem hochgehobenen Daumen gedrückt hat.

Ich bin kein großer Facebook-Fan. Virtuelle Likes interessieren mich nicht besonders. Ich stehe mehr auf die *echten* Likes. Jedes Vertrauen, jede Wertschätzung und jedes Lob, das du bekommst oder an andere verteilst, ist ein ganz persönliches Like. Diese Likes werden von keinem Programm gezählt, da gibt es keine für alle sichtbare Summe. Ob du viele oder wenige dieser realen Likes hast, das merkst du nur daran, dass du gute und tragende Beziehungen zu anderen Menschen hast. Für mich ist *das* die Währung, die – auch in einer zunehmend digitalen Welt – wirklich zählt.

Kapitel 10: No Monsters, no Fear!

Liebe deine Familie, deine Freunde,
dich selbst und das Leben.
Aber nie deinen Job.

Der Landrover rumpelt über unbefestigte Straßen durch die Nacht. Meine Augen sind verbunden. Immer weiter bergauf geht es. Plötzlich halten wir an, ich werde von der Rückbank geholt, spüre, wie mein Rucksack unsanft neben meinen Füßen landet. Als mir die Augenbinde vom Gesicht genommen wird, stehe ich geblendet im Scheinwerferlicht des Autos. Um mich herum sehe ich nur ein paar Quadratmeter des schottischen Hochlandes. Steine, Moos, Gebüsch, ein bisschen Gras. Es ist kalt.

»There are no monsters. Relax! Be part of the nature!«, sagt der Instructor, klopft mir kurz auf die Schulter, setzt sich in den Wagen

> »There are no monsters. Relax!«

und fährt davon. Ich sehe zu, wie sich das Licht der Scheinwerfer immer weiter entfernt. Dann ist es verschwunden. Schnell gewöhnen sich meine Augen an die Dunkelheit.

Ich bin 17 Jahre alt. Und zum ersten Mal in meinem Leben ganz allein. Über mir ein Mond, der die malerische Landschaft der Highlands sanft erhellt. Und ein endloser Sternenhimmel, zu dem sich bald die Funken meines kleinen Lagerfeuers gesellen.

Ich habe diese Nacht auf dem Berg nie vergessen. Sie ist einer der *Moments of Excellence*, eine der Perlen auf der Kette der Erfahrungen in meinem Leben, die für immer bleiben.

Kaltes Wasser

Meine Eltern legten großen Wert darauf, ihre Kinder »gut auf den Weg zu bringen«. Wir sollten den Stürmen des Lebens gewachsen sein. Also schickten sie mich im April 1981 in ein Feriencamp ins schottische Eskdale. Es war das erste Mal, dass ich allein im Ausland war. Zu der Zeit war ich zwar ein sportlicher Typ, aber ein dünner Hering; lieber las ich Fußball-Heftchen auf dem Sofa, als irgendwo draußen Abenteuer zu bestehen. Mein Sohn ist heute mit acht Jahren mutiger, als ich es damals mit 17 war. In Eskdale war ich der einzige Deutsche unter lauter jungen Leuten aus England, Irland, Schottland und Wales. Ich musste mit meinem Schulenglisch schauen, wie ich zurechtkam. Das alles ist mir nicht leicht gefallen.

Im Lager ging es zu wie in einem Ausbildungscamp der US-Marines. Der Instructor, ein durchtrainierter Schotte, der aussah wie Bruce Willis in seinen besten Tagen, kannte kein Erbarmen. Morgens um 5.00 Uhr scheuchte er uns aus dem Bett, ließ uns im Dunkeln fünf Kilometer durch einen Wald rennen und dann in einen eisigen See springen. Erst wenn wir wieder zurück im Lager waren, gab es Frühstück. Wenn ich heute daran zurückdenke, wird mir sofort wieder kalt. Das erste Mal ins Wasser zu springen, kostete echt Überwindung. Am zweiten Tag wussten wir, was uns erwartet, und es gab kein Zögern mehr. Ab dem dritten Tag fassten wir uns an den Händen und sprangen laut johlend in das eiskalte Wasser. Man gewöhnt sich eben an alles, und wenn man das Unvermeidliche annimmt, ist das Wasser gleich ein paar Grad wärmer.

> Ab dem zweiten Tag gab es kein Zögern mehr.

Die Tage vergingen mit Klettertraining, Kompasslesen, Kajakfahren; bei mancher Eskimorolle hatte ich Panik, nicht mehr hochzukommen. Aus einem bunten Haufen wurde eine verschworene Gemeinschaft, die verinnerlicht hatte, dass man nur im Team gewinnt. Ich war zum Beispiel nicht der große Kompassleser; wenn wir in der Gruppe unterwegs waren, gab ich diese Aufgabe sofort an jemanden ab, der das besser konnte.

Teil des Programms war auch die so genannte *final expedition*. Das hieß: alleine zurück ins Camp finden. Nur mit Zelt, Schlafsack, kleinem Gaskocher, Feuerzeug, Kompass und Taschenmesser, dazu Wasser und Grundverpflegung. Keine Karte. Als nach einer langen Nacht endlich die Sonne aufging, machte ich mich auf den Weg zurück zur Basisstation. Das unwegsame Gelände inklusive Flussüberquerung ließ die 15 Kilometer zu gefühlten 50 Kilometern anwachsen. Doch ich schaffte es aus eigener Kraft zum vereinbarten Treffpunkt.

»*Frank completed a very good course. He is born to be a leader*«, stand in dem Abschlusszeugnis, das mir »Bruce« am Ende des Drillcamps mit nach Hause gab. Ich war unglaublich stolz auf diese Einschätzung. Sie hat mich mein Leben lang begleitet

> Selbstvertrauen in jeder Lebenslage.

und war der Maßstab, nach dem ich von da an mein Leben auszurichten versuchte. Mir ist in diesen Wochen im rauen Schottland aber nicht nur klar geworden, dass ich Führungsqualitäten habe. Sie waren ein großer Schritt auf dem Weg zu dem Wissen, dass ich mich auf mich selber verlassen kann. In jeder Lebenslage.

Im Sichtflug

Ist es nicht total verrückt? Bestimmt hast du gedacht, du kennst mich bereits ganz gut. Und dann tauchen doch noch ganz neue Facetten auf. Ich werde in ein Drillcamp in den schottischen Highlands geschickt – heute ist so etwas Gegenstand von Trash-TV-Sendungen. Und ein Jahr später streitet sich mein Vater mit mir, weil ich keinen Ersatzdienst leisten will, sondern zum Bund gehe.

In diesem Buch hast du viel gelesen, was scheinbar nicht zusammenpasst: Durch strukturiertes und hartes Arbeiten zur Lässigkeit finden. Sich nicht ablenken lassen und doch offen sein für alles, was deinen Weg kreuzt. Sich für die Menschen um einen herum extrem verantwortlich fühlen und ihnen gleichzeitig viel Freiraum lassen. Dies und vieles mehr scheinen auf den ersten Blick krasse Widersprüche zu sein. Sie sind es aber nicht. Denn so ist das mit dem Leben: Es ist unglaublich vielfältig und überraschend und ganz und gar nicht für Schubladen geeignet.

Und hier kommt auch schon der nächste Widerspruch: Mein Tag ist perfekt durchgeplant. Und trotzdem stimmt es auch, dass ich mich treiben lasse, keinen Plan habe. Wie kann das sein? Für mich ist klar: Was in ein, zwei Monaten ist, oder gar

> ... und schon ist die Party over.

nächstes Jahr, ist völlig offen. Mein Terminplan ist natürlich voll, bis Weihnachten und Ostern. Aber wer sagt denn, dass in der Zwischenzeit nichts passiert, das alles über den Haufen wirft? Vielleicht denkst du jetzt an eine Krankheit oder einen Unfall. Vielleicht auch an eine Unternehmensfusion, die selbst Top-Mitarbeiter, die fest im Sattel zu sitzen scheinen, aus der Kurve fliegen lässt. Es kann viel passieren, und schon ist die Party over. Aber auch fantastische, groß-artige, wunderbare Dinge ereignen sich, die deinem Leben schlagartig eine völlig andere Richtung geben. Gerade vor ein paar Wochen ist mir das passiert. Doch dazu später.

Ich habe mir noch nie Sorgen darum gemacht, was in einem Jahr sein wird. Oder in zehn. Um diese Ungewissheit als positiv und spannend wahrnehmen zu können, brauche ich nur eines: das Vertrauen, dass ich – egal, was kommt – mit den Wechselfällen des Lebens zurechtkommen werde. Im schottischen Eskdale ist mir zum ersten Mal bewusst geworden, dass ich ins Unbekannte gehen und den großen und kleinen Herausforderungen, die das Leben mir stellt, mit erhobenem Kopf gegenübertreten kann. Mit jeder Station in meinem Leben ist dieses Selbstvertrauen weiter ge-wachsen.

Es geht aber nicht nur um Selbstvertrauen, *das* ist eine Haltung. Es geht auch um die Fähigkeit, Probleme zu lösen, *das* ist reine Übungssache. Beides zusammen – Selbstver-trauen und Problemlösungsfähigkeit – lässt dich entspannt zurücklehnen und sagen: »Egal, was kommt, ich bin bereit.«

Täglich grüßt das Murmeltier

Das Problemlösen habe ich von der Pike auf gelernt. In den Jahren, in denen ich für eine Promotionagentur arbeitete, habe ich im Grunde von morgens bis abends nichts anderes gemacht. Nach dem Mauerfall war ich zum Beispiel für einen Kaffeeröster unterwegs, der den Osten mit seinem Produkt bekannt machen wollte. Filialstrukturen gab es dort noch nicht, also hatten wir 200 Mitarbeiterinnen gebucht, die

> Anfangs habe ich noch jeden Morgen gezittert.

in 100 angemieteten Wohnmobilen durch die Lande fuhren und in Supermärkten, Bäckereien und Tante-Emma-Läden Kaffeeproben verteilten. Den Werbeslogan habe ich übrigens auch heute noch im Kopf: »Zu einer großen Liebe gehört immer ein großer Kaffee«. Anfangs zitterte ich noch jeden Morgen, ob auch alle wie geplant in den Einsatz gehen. Sind sie natürlich nicht. Mitarbeiter wurden krank, Wohnmobile blieben mit Motorschaden liegen. Irgendwas war immer. Und ich war derjenige, der dafür zu sorgen hatte, dass es trotzdem weiterlief.

Meistens warteten die kleinen Katastrophen schon frühmorgens auf dem Anrufbeantworter: »Sorry, meine Oma ist krank. Ich hoffe, ihr findet Ersatz.« Das Problem war ja nicht, dass nun statt 100 nur noch 99 Wohnmobile durch die Lande fuhren, sondern dass irgendwo in Großwoltersdorf oder Zeulenroda-Triebes mit einem Handelspartner abgemacht war, dass an diesem Tag jemand kommen würde. Da war im Verkaufsraum eine Ecke freigeräumt worden und eine Extra-Palette Kaffee wartete darauf, abverkauft zu werden. Also habe ich es irgendwie hinbekommen, innerhalb von zwei Stunden eine Ersatzfrau vor Ort zu bringen – im Notfall war ich das auch mal selbst. Oder über Nacht ein paar Dutzend Schneeketten ins Erzgebirge zu organisieren. Oder drei Wohnmobile, die sich irgendwo in der Uckermark verfahren hatten (Navigationsgeräte gab es noch nicht), an ihren Einsatzort zu lotsen. Bald hatte das Unvorhergesehene seine Schrecken für mich verloren. Ich wusste: Ganz gleich, welche Anforderung das Leben an mich stellt, ich würde damit fertig werden. An jedem Tag wieder aufs Neue.

»Heute ist die beste Zeit«, hat mein Vater oft gesagt. Denn im »Heute«, das höchstens ein paar Wochen oder Monate umfasst, findet das Leben statt. In der Gegenwart sinnvoll zu agieren, ist wichtiger, als sich fünf Millionen schwere Gedanken über die Zukunft zu machen. »Morgen« kommt es sowieso anders, als du denkst. Es gibt also keinen komplett durchgetakteten Masterplan, auf dem du wie auf Schienen bis ans Ende deiner Tage fährst. Beim Monopolyspiel kannst du ganz vorne sein, du besitzt ganze Straßenzüge und das Geld häuft sich auf dem Tisch vor dir. Dann ziehst du eine Ereigniskarte: »Lassen Sie Ihre Häuser und Hotels renovieren«. Und dazu noch ein überraschender Besuch im Hotel deines Kontrahenten auf der Schlossallee – und schon ist es vorbei mit der Herrlichkeit.

Vor allem in einer Umgebung, in der technische Neuerungen immer wieder für Umwälzungen sorgen, haben Erfolgsformeln ein Verfallsdatum. Die Haltung »Ich sorge mich nicht um die Zukunft, denn auf meine Tatkraft kann ich mich zu jeder Zeit verlassen« misst sich dagegen in Jahrzehnten.

> Haltung
> statt Regeln.

»Liebe dein Leben und nicht deinen Job«, so lautet in Kurzform mein zehnter Ratschlag. Warum beginne ich dann dieses Kapitel mit Geschichten von Selbstvertrauen und der Fähigkeit, ein Leben lang Probleme zu lösen? Ganz einfach: Beides befreit dich von Angst. Und Angst ist der große Gegenspieler von Liebe und Leidenschaft. Erst wenn du die Angst in dir besiegt hast, bist du bereit für die echte Liebe und die echte Leidenschaft.

Nie ohne Taschenlampe

Wer mich immer wieder aufs Neue beeindruckt, ist mein Freund Hansi. Er ist Vollblut-Unternehmer, ein echtes »Cleverle«, wie man in Schwaben zu sagen pflegt. Hansi habe ich vor vielen Jahren auf dem Flug in den Urlaub kennengelernt – unsere Koffer waren verloren gegangen. Er flog damals schon First Class, ich Economy. Leisten konnte er es sich, denn Folien für Overhead-Projektoren waren für ihn ein sehr lukratives Business. Doch den Overhead-Projektoren ging es so wie den Dinosauriern: Sie starben aus. Also Holzklasse auch für Hansi? Weit gefehlt. Der Mann ist ein Weiterdenker. Er überlegte, was man noch alles mit Folien machen kann: Grußkarten einschweißen, Blumensträuße einwickeln, Werbefolien bedrucken ... Für vieles, was ihm so einfiel, gab es keine Maschinen zu kaufen – also baute er sie mit »seinen Jungs« in der Firma selbst. In all den Jahren, die wir uns kennen, habe ich ihn – trotz immer neuer Turbulenzen des Marktes – nie verzweifelt oder mutlos erlebt. Wenn ein Mitbewerber aus Italien ihm mit Kampfpreisen das Leben schwer machte, eroberte Hansi eben neue Märkte in Shanghai und Dubai. »Immer konsequent nach vorne denken, Franky«, hat er mir seine Denk- und Arbeitsweise mal erklärt. »Und vor allem: keine Angst haben!« So kommt es, dass Hansi immer noch First-Class fliegt.

> Holzklasse
> für Hansi?

Angst einerseits und Selbstvertrauen und die daraus resultierende Tatkraft andererseits schließen sich gegenseitig aus. Je weniger Selbstvertrauen du hast, desto mehr Raum bleibt für die Angst. Das ist eine Abwärtsspirale. Sie minimiert deine Chancen, aus einer Krise gestärkt herauszukommen. Du suchst es dir nicht aus, Angst zu haben, sie kann ungefragt einfach da sein. Aber du kannst sie loswerden.

Eine der größten Ängste überhaupt ist ja die vor dem Verlust des Arbeitsplatzes, denn daran hängen finanzielle Mittel und Status. Manche Menschen verzichten auf Lebensglück und quälen sich durch Jobs, die sie nicht mögen, nur um keine Einbußen an Geld und Status hinnehmen zu müssen. Die Frage ist: Wäre so ein Verlust denn wirklich so schlimm, wie es die Angst vorspiegelt?

Wenn du mit den Drei Fragezeichen aufgewachsen bist, dann kennst du Justus Jonas, den Kopf des Trios. In den Geschichten der drei jugendlichen Detektive geht es um Bedrohungen, die übermächtig zu sein scheinen. Ein Gespensterschloss, eine flüsternde Mumie, ein sprechender Totenkopf, ein lachender Schatten ... Die Welt der Drei Fragezeichen ist voller Flüche, Monster und Geister. Da kann man es schon mit der Angst zu tun bekommen! Doch während der sportliche, starke Peter Shaw leicht zu beeindrucken ist und der ruhige Bob Andrews sich lieber in Rechercheaufgaben vergräbt, geht Justus Jonas den Dingen auf den Grund und bringt das Furchteinflößende auf die Sachebene. Er holt die Taschenlampe raus und beweist: Hinter all diesen Angstbedrohungen steckt nur ein Fake.

Das Schlimmste ist gar nicht so schlimm. Ich habe in meinem ganzen Leben noch nicht erlebt, dass ein befürchteter Worst Case tatsächlich zu 100 Prozent eintritt. Jede Veränderung hat am Ende auch etwas Gutes in sich gehabt – und das ist jetzt

> Ist das Schlimmste wirklich so schlimm?

nicht nur als so ein Kalenderspruch gemeint. Mit einer positiven Haltung wirst du viel eher den Best Case als den

Worst Case erleben. Und wenn du den positiven Blick erst noch üben musst, darfst du ruhig vom Middle Case ausgehen. Nach dem Konkurs deines Ex-Arbeitgebers findest du eine neue Stelle. In einer anderen Stadt, mit einem geringeren Einkommen, mit weniger Großbuchstaben auf der Visitenkarte. Ärgerlich. Aber dafür hast du in deiner neuen Wohnung keinen Dauerstress mehr mit dem Nachbarn und dein Chef erweist sich als jemand, der dich fördert und dir Türen öffnet. Und vor allem: Du liegst abends nicht mehr unterm Sauerstoffzelt, um dich zu erholen.

Du kannst dein Leben nur dann lieben, wenn du dich nicht von der brennenden Angst vor materiellen und Status-Verlusten fertig machen lässt. Indem du die Angst sezierst, entziehst du diesem zerstörerischen Feuer den Sauerstoff. Keine Grundangst mehr, keine ständigen Sorgen, die dein Leben vermiesen.

Bei mir ist es sogar noch ein wenig einfacher. Ich musste die Angst vor Geld- und Statusverlust nie loswerden, denn ich habe sie nie gehabt! Das bedeutet: Da *gibt* es noch nicht einmal etwas, was mich verbrennen könnte.

Ist das etwa nur das großspurige Gerede eines erfolgsverwöhnten Menschen, der aus seiner abgesicherten Ecke heraus den Bedürfnislosen mimt, während er in Wirklichkeit schon einen halben Herzanfall bekommt, wenn der Kaviar nicht ausreichend gekühlt ist? Ich denke, ich kann den Gegenbeweis antreten.

Sonnenflecken

In der Zeit meiner Scheidung zog ich von zu Hause aus. So einen Lebensabschnitt teile ich mir mit vielen Menschen.

In meinem Fall hieß das: raus aus dem hart erarbeiteten Einfamilienhaus mit großem Garten – rein in ein 30-Quadratmeter-Business-Apartment in einem Boardinghouse. Da war erst mal Schluss mit großem Kino.

Das Gefühl des Scheiterns war bitter. Die Trennungsphase war nicht gerade ruhmreich gewesen. Dass meine Ehe nicht funktioniert hatte, machte mich traurig; noch mehr litt ich darunter, dass ich meine Tochter nicht mehr so oft sehen konnte. Ich kam mir vor wie Falschgeld. Dieser wichtige Einschnitt in meinem Leben brachte mich zum Nachdenken. Noch während ich mich mitten in dieser bescheidenen Situation befand, war mir klar: Neu anzufangen ist auch eine Chance.

> Erst mal Schluss mit großem Kino.

Die materielle Seite des Scheiterns war im Vergleich zu den mentalen Prozessen reine Nebensache, sie hat mir erstaunlich wenig ausgemacht. Genau so hatte ich mich eingeschätzt, und seit jener Zeit *weiß* ich aus Erfahrung, dass ich tatsächlich immun bin. Ich genieße ein schönes Haus, einen tollen Urlaub, ein großes Auto – aber wenn das weg ist, gibt es keine Sentimentalitäten. Ich liebe das Leben, nicht das Geld; mein Herz hängt an Menschen, nicht an Dingen.

Zu Beginn meiner beruflichen Laufbahn hatte ich einmal eine Musikanlage von Bang & Olufsen. Es war eine längere Liebesgeschichte, bevor ich sie mein Eigen nennen durfte. Denn eigentlich war so ein Luxusteil nicht mein Level. Doch immer, wenn ich eine Anzeige von ihr in der Zeitung sah, war ich von der Schönheit ihres Designs geradezu ergriffen. Nach langem Sparen konnte ich die Anlage endlich bei mir zu Hause aufstellen; von einem Schreiner hatte ich eigens ein Board für sie bauen lassen. Ich sehe mich noch, wie ich sie sorgfältig mit einem weichen Läppchen abstaube. Dann wurde in das Hamburger Mietshaus eingebrochen, in dem ich wohnte. Übrig von der B&O-Anlage blieb nur der Fleck, wo das Board nicht von der Sonne ausgeblichen war. Ich habe sie nie vergessen, der Schmerz über ihren Verlust ist irgendwie immer noch da.

Also doch!? Nein, denn hier geht es nicht um Materielles. Die Musikanlage hatte für mich eine ganz persönliche Bedeutung. Anderen geht es vielleicht mit ihrem ersten Auto so. Oder mit einem geerbten Schmuckstück. Später, als ich viel mehr Geld verdiente, kaufte ich mir die gleiche Anlage noch einmal. Aber es war natürlich nicht mehr dasselbe. Der Glanz war dahin. Es ist ein schönes Teil, aber zur Not auch verzichtbar.

Weil die Ich-habe-das-jetzt-und-das-muss-für-immer-so-bleiben-Einstellung mir grundsätzlich fremd ist, hat die Drohung »Dann ist der Firmenwagen weg« keine Wirkung auf mich – es gibt doch auch Car-Sharing. Verlöre ich meinen Job, müsste

> »Ich bin immer noch da.«

ich zur Not ein paar Versicherungen beitragsfrei stellen, bis ich wieder Fuß gefasst habe. Egal, wie stark ich mich einschränken müsste, ich würde niemals denken: »Ich komme wieder«, sondern ich wüsste: »Ich bin immer noch da«.

Dass ich mich nicht über mein Einkommen definiere, macht mich frei im Kopf. Mit dieser Einstellung habe ich in meinem Leben schon so manchen Neuanfang hingelegt.

Die Taube in der Hand

1989 war ich 26 Jahre alt, Leiter des Textbereichs in einer aufstrebenden Düsseldorfer Agentur und ein »loser Dachziegel«; ich wollte mich beruflich verändern. Da las ich in der Frankfurter Allgemeinen Zeitung eine Anzeige: »Ungewöhnlicher Job für ungewöhnlichen Typen.« Das musste ich mir näher anschauen.

Das windschiefe, renovierungsbedürftige Haus von »Stein Promotions« sah nicht aus wie die Dependance einer erfolgreichen Agentur. Der bisherige Chef hatte sich in die Selbstständigkeit verabschiedet und so gut wie alle Kunden mitgenommen. Auch die Mitarbeiter waren weg, nur

> »Ungewöhnlicher Job für ungewöhnlichen Typen.«

Matthias, der stellvertretende Geschäftsführer, und Marion, eine Auszubildende, hielten noch die Stellung. Das einzige, was an bessere Tage erinnerte, waren die vier Firmenfahrzeuge, die die früheren Führungskräfte auf den Parkplätzen zurückgelassen hatten.

Der Inhaber aus Frankfurt, schenkte mir reinen Wein ein: Wir hatten sechs Monate Zeit, um den Laden wieder ans Laufen zu bekommen. Geld war nicht da. Und Kunden auch nicht. Nur den Dienstwagen, den gab es sofort. Das Ganze war ein enormes Risiko, aber für mich genau das Richtige. Mit einem Fiesta XR2 war ich auf den Hof gefahren, mit einem BMW 525i verließ ich ihn wieder.

Eine Zeitlang eierten wir herum, dann kam der Durchbruch: Unser erster großer Comeback-Kunde wurde Mars. Ein Jahr später hatte Stein Promotions bereits wieder 15 Mitarbeiter. Aus der »maroden Pokerbude« – O-Ton Dieter Stempel – war wieder eine Agentur geworden, die ein

Rekordergebnis nach dem anderen einfuhr. Das Spiel war gewonnen, der hohe Einsatz hatte sich gelohnt.

Hätte ich mich von Verlustangst regieren lassen, dann hätte ich mich an meinen alten Arbeitsplatz, an dem ich nicht mehr so richtig glücklich war, geklammert und eine besonders wertvolle Zeit meines Lebens verpasst. Doch seit ich nicht mehr vom Fünfmeterturm springen und auch keine Mathe-Klassenarbeiten mehr schreiben muss, wird mein Leben von der *Abwesenheit* von Angst bestimmt.

Liebe dein Leben ...

Wenn Angst dich treibt, lebst du ein Leben, das der Angst gehört. Wenn du keine Angst hast oder sie beherrschst, lebst du dein eigenes Leben. Dann kannst du damit beginnen, möglichst viel Zeit nach deinen Vorstellungen zu gestalten. Dazu muss dir

> Die Frage ist:
> Wie willst du leben?

erst einmal klar sein, wie diese Vorstellungen überhaupt aussehen. Was treibt dich an? Wo soll es hingehen? Was gefällt dir? Worauf kannst du verzichten? Was willst du auf keinen Fall? Das sind einige der Fragen, deren Antworten von einer ganzen Menge Störsendern verzerrt werden: von falschen Glaubenssätzen, Erwartungen anderer, geschönten Selbstbildern ... In diesem Durcheinander hilft ein Blick von außen.

Hier will ich eine Lanze für das Coaching brechen. In schwierigen und unübersichtlichen Lebenssituationen habe ich mit meinem Coach Bertold reden können. Seinem unbestechlichen Blick vertraue ich zu 100 Prozent. Gute Freunde können dir natürlich auch zu Klarheit verhelfen, aber sie sind naturgemäß immer involviert; wenn es zum

Beispiel um Eheprobleme geht, kann ihr Urteil nicht völlig unparteiisch sein. Außerdem: Wer möchte schon alle Einzelheiten seiner Irrtümer und Fehlschläge mit seinen Freunden teilen? Auch wenn es der beste Freund ist, besteht die Gefahr, dass du anfängst zu beschönigen und nicht mehr alle Fakten auf den Tisch kommen. Auf dieser Basis können keine guten Entscheidungen getroffen werden. Ein Coach dagegen ist weit genug von deinem Leben weg, um objektiv sein zu können. Seine Dienstleistung ist nicht ganz billig, aber zur Not streichst du den nächsten Urlaub. Es lohnt sich, denn es liegen noch viele Urlaube vor dir und die werden dann garantiert schöner!

Meine ganz persönliche Vorstellung von meinem Leben kennst du bereits: Ich habe nicht das geringste Interesse daran, der reichste Mann auf dem Friedhof zu sein. Ich will mit meiner Familie zusammen sein, sie ist das Allerwichtigste für mich.

> Der reichste Mann auf dem Friedhof?

Ich will genug Zeit für Menschen haben, die ich mag, und meinen Beruf mit Leidenschaft ausüben können. Ich will so wenig Zeit wie möglich mit Dingen verschwenden, die mir keine Freude machen. Ich will mich über den blauen Himmel freuen. Mein Weg dorthin: Was ich machen *muss*, mache ich effizient. Die gewonnene Zeit genieße ich maximal. So kann ich mich am Leben freuen und *Moments of Excellence* sammeln.

Und mein Job? Welchen Stellenwert hat der?

... aber nie deinen Job

»Nur der Job zählt« ist nur für die allerwenigsten Menschen ein tragfähiges Konzept. Denn im Job bist du immer austauschbar. In deinem Leben nicht. Deshalb wäre es ein Fehler, dein Leben so einzurichten, dass der Job es ausfüllt und nur zwischendrin ein wenig Platz für das Private bleibt. Andersherum wird ein Schuh daraus: Der Job ist eingebettet in dein Leben, er ist nur ein Teil davon.

Diese Sichtweise hat unter anderem die Folge, dass ich meinen Job nicht liebe. Denn ernst gemeinte Liebe bedingt für mich eine gewisse Ausschließlichkeit. Das ist keine echte Liebe, wenn von vornherein ein Verfallsdatum feststeht: fünf Jahre hier lieben, drei Jahre später dort, dann noch einmal sieben Jahre wieder etwas anderes und so weiter bis zum Ruhestand. Denn Jobwechsel gehören heute fast immer zum Erwerbsleben dazu.

Noch einmal: Ich liebe meinen Job nicht. Aber ich übe ihn mit Leidenschaft aus! Das ist ein großer Unterschied. Meine Arbeit bereichert mich, macht mich zufrieden, auch wenn Manches das Glück trübt. Oft sind es Menschen, die die Freude an einem Job stark einschränken. Das können Vorgesetzte oder Kollegen sein, die auf die Nerven gehen. Manchmal sind es auch Regeln, die einem nicht passen. Schicht- und Wochenendarbeit zum Beispiel, oder ein übersteigertes Berichtswesen. Wenn man darauf achtet, dass diese Einflussfaktoren einem nicht das Leben verleiden, zum Beispiel indem man sie schnell erledigt oder mit Gleichmut erträgt, ist das nicht weiter schlimm. Im Ernstfall hilft ein Jobwechsel, um diese negativen Seiten wieder auf ein Normalmaß zu bringen. Auf der anderen Seite hat ja jeder Job auch etwas, das einem gefällt. Niemand wird Gärtner, wenn er nichts mit Grünzeug anfangen kann.

Es ist auch in Ordnung, wenn einer keine Leidenschaft für seinen Job entwickelt, weil er einfach nur mit überschaubarem Einsatz sein Brot verdienen will. Mit begrenzten Ambitionen macht man nicht unbedingt einen schlechten Job. Die große

> **Der Output entspricht dem Input.**

Karriere darf man dann aber nicht erwarten – der Output entspricht meist dem Input. Hauptsache ist, dass man mit seiner Entscheidung in sich ruht und sagen kann: »Ich bin happy mit meinem Leben.«

Der Job gehört also auf den zweiten Platz im Leben. Wie resistent du dagegen bist, dich von deinem Job total vereinnahmen zu lassen, hängt von deiner Persönlichkeit ab. Mit Glück hast du ein Elternhaus, das dir als Kind nicht Angst vor dem Leben eingeimpft hat, sondern dich gestärkt hat. Auch die Schule ist ein wichtiger Ort der Persönlichkeitsbildung. Da muss man Glück haben, an Pädagogen zu geraten, die nicht Versagensangst schüren, so was kann einen bereits als Jugendlichen ziemlich kaputt machen. Dann kommen die ersten Schritte im Beruf. Schon wieder Glückssache: Was für einen Vorgesetzten beziehungsweise Ausbilder hast du? Ist das einer, der dich fördert, aufbaut, deine Persönlichkeit stärkt? Oder ein Leuteschinder?

Gerade in der Startphase des Lebens ist der Einfluss anderer Menschen sehr groß. Und trotzdem: Immer bist *du* es, der entscheidet, wer für dich ein Positiv- und wer ein Negativ-Vorbild ist: »So wie *der* will ich nie im Leben werden!« Tausch dich mit anderen aus: »Ist das eigentlich normal, dass der Chef morgens reinkommt und rumbrüllt?« Vor zwanzig Jahren haben die Leute mehr ertragen, es war Glück oder Pech, in welches Umfeld man geriet. Wenn man es schlecht getroffen hatte, hielt man es eben aus. Die Generation Y ist da viel rigoroser, junge Menschen kündigen eher, suchen sich ihre Chefs aus. Gut so!

Auch ich habe mir bei der Wahl meiner Jobs – gerade zu Beginn meiner Karriere – vor allem immer gute Chefs ausgesucht, nicht gute Bezahlung. Wenn ein Wechsel zu einer neuen Firma anstand, schaute ich mir die Führungsriege genau an. Mittlerweile kann man die Chefs ja im Netz geradezu stalken. Wenn ich merkte: Das ist ein Mickermännchen – und das meine ich jetzt nicht körperlich – dann war klar: Finger weg. Egal, wie gut dotiert die Stelle war.

> **Wenn das ein Mickermännchen ist: Finger weg!**

Game of Thrones

Ich hole einen Packen alter Visitenkarten aus der Schublade. Fünfzehn verschiedene Titel und Berufsbezeichnungen habe ich schon gehabt: Managing Director, CEO Germany, Vorstand, Leiter des Textbereichs, Prokurist, Redakteur, Management Supervisor, Global Partner, Geschäftsführer, Senior Vice President, Member of the Board etc. etc. Manches stammt noch vom Beginn meiner Laufbahn, anderes hört sich richtig großartig an. Inzwischen ist eine neue Visitenkarte hinzugekommen: Senior Advisor. Auch wieder so ein Fantasiename. Aber für mich ein ganz besonderer Titel.

Im Herbst 2015 schrieb ich beim Friseur aus Spaß die »10 Ratschläge« für das Magazin *Clap* auf. Die enorme Resonanz in den Wochen und Monaten darauf kam für mich total überraschend. Selbst jetzt, fast ein Jahr später, sind die Interviewanfragen nicht weniger geworden. Was mein Familienleben angeht, hat dieser Hype keine große Bedeutung gehabt. Meine große Tochter hat sich das Bild vom entspannten Papa im Liegestuhl eingerahmt und in ihre Wohnung gestellt – ohne die »10 Ratschläge«. Mein Sohn macht immer noch am allerliebsten »richtig entspannte Männerabende« mit mir: Er darf länger aufbleiben und auch die zweite Halbzeit auf Sky anschauen. Und die Jüngste spielt so wie immer Schule mit mir und den Playmobil-Figuren: Wenn wir alle Männchen mühevoll in die Klasse gesetzt haben, geht es nicht etwa mit dem Unterricht los, sondern alle fahren noch vor dem Schellen der Schulglocke miteinander in den Urlaub. Alles wie immer.

Doch beruflich hat sich enorm viel verändert. Für die Agentur, deren Vorstand ich damals war, war die mediale Aufmerksamkeit natürlich erst einmal toll. Doch wie sollte das weitergehen? Ich merkte, dass ich immer mehr Zeit für das, was die »10 Ratschläge« nach sich zogen – zum Beispiel für die Arbeit an diesem Buch – aufwenden wollte, doch meinen Job darunter leiden zu lassen kam nicht in Frage. Wir haben eine gute Lösung gefunden: 25 Jahre lang bin ich in verschiedenen Agenturen und Unternehmen Geschäftsführer und Vorstand gewesen – dieses Kapitel habe ich inzwischen abgeschlossen. Meine Funktion als Vorgesetzter und Vorstand habe ich auf eigenen Wunsch niedergelegt und arbeite auch nach dem mittlerweile vollzogenen Wechsel zur Agenturgruppe Serviceplan in einer Rolle, die meiner neuen Idealkonstellation von Arbeit entspricht.

Für mich ist mein neues Leben ohne operative Management-Verantwortung der Best Case. Mit einem Schlag habe ich netto etwa 30 Tage im Jahr allein dadurch gewonnen, dass für mich

> »Das ist doch ein Rückschritt für dich!«

rund zwanzig Vorstandssitzungen, zehn Geschäftsführer-Zahlencalls, vier Group-Meetings, vier Geschäftsführungs-meetings und drei Aufsichtsratssitzungen wegfallen. Anderes, was ich in meinem Beruf leidenschaftlich gern mache, ist geblieben. Als Senior Advisor stehe ich den Mitarbeitern und auch den Kunden weiterhin in gewohnter Form als erfahrener Ratgeber zur Seite. Bei denen kam der Rollenwechsel gut an: »Danke, dass Sie mich informiert haben«, schrieb mir einer der Kunden, »aber eigentlich ist mir das völlig egal. Hauptsache, ich kann mit Ihnen weiter zusammenarbeiten.«

Andere, auch solche, die mich eigentlich gut kennen, reagierten ganz anders. »Das ist doch ein Rückschritt für dich! Wie ist das denn mit der Bezahlung? Kannst du deinen Standard halten?«, wurde ich des öfteren gefragt. An diesen Reaktionen merke ich, wie wichtig meine Ratschläge sind. Obwohl meine neue Rolle für mich offensichtlich ein zukunftsfähiges Modell ist – man hat mir schon mehrfach gesagt, dass ich nun *noch* fröhlicher bin, und das will was heißen! – treffe ich auf Angst und Unsicherheit. »Was man hat, muss man doch um jeden Preis festhalten!« Eben nicht.

Mein zehnter Ratschlag ist die Summe aller neun Ratschläge zuvor und bringt es final auf den Punkt: Liebe dein Leben! Das geht nur angstfrei und entspannt. Viele sind jedoch mittlerweile leider wie in einem Tunnel unterwegs und haben aus den Augen verloren, was wirklich zählt.

Mein Erfolg besteht vor allem darin, dass ich in meinem Job zunehmend das tun darf, was ich wirklich gerne mache. Dass ich das, was mich nervt, mit den Jahren immer mehr aus meinem Leben entfernen konnte. Und dass ich

es schaffte, auch dann, als meine Karriere richtig Fahrt auf-
nahm, immer noch genügend Zeit für mich, meine Familie,
meine Freunde zu haben. *Das* ist der Erfolg, den ich an-
strebe.

Die »10 Ratschläge« würde ich heute genau so noch einmal formulieren. Jeder Satz entspricht zu 100 Prozent meiner Haltung. Das bin ich! Da steckt mein ganzes Leben drin. Dass ich diese Ratschläge *lebe*,
dafür ist mein mit Bedacht gewählter Verzicht

> **Mein Erfolg ist,
> Zeit zu haben.**

auf Macht noch einmal ein Beweis. Und dass sie tatsächlich
funktionieren, davon zeugt meine grundsätzliche Happiness.

Epilog: Einfach nur Mike

Kanada 1983. An einem besonders schönen See in Ontario sitze ich mit meinen Kanu-Kumpanen am Lagerfeuer. Es gibt gegrillten Fisch, selbstgefangen natürlich, Jeff spielt Gitarre und wir singen. Heute Abend ist ein bärtiger Weltenbummler zu uns gestoßen: Mike aus Brighton. Nie zuvor habe ich einen Menschen getroffen, der so ausgeglichen, tiefenentspannt und von Grund auf glücklich ist wie er. Er ist sozusagen die Steigerungsform von Jeff, unserem coolen Guide.

Mike genießt die Natur, freut sich über jeden einzelnen Tag. Neugierig auf die Menschen sein, denen er auf seinen Reisen begegnet, die Schönheit der Welt erfahren, das ist für ihn die Essenz des Lebens. Wenn er Geld braucht, jobbt er in einem Imbiss, an einer Tankstelle oder in einem Lager, freundlich und kompetent, bis es wieder für eine Weile reicht. Mit seiner freien Lebensweise will er niemandem etwas beweisen, er hasst auch nicht das Geld, das normale Leben. Er ist einfach nur Mike. »Life is great«, sagt er, und seine blitzenden Augen zeigen uns, wie tiefempfunden dieser Satz für ihn ist. Mit dieser Haltung wacht er jeden Tag auf und macht aus ihm etwas Besonderes.

Ich habe Mike nur ein paar Stunden lang erlebt; am nächsten Morgen trennten sich unsere Wege wieder. Aber ich habe ihn nie vergessen und sein Spruch hat mich mein Leben lang begleitet. Auf meinem Schreibtisch im Büro steht neben dem Matchbox-Daktariwagen und einigen Cowboys und Indianern auch ein kleines Kanu von Timpo

Toys. Darin sitzt ein Trapper. Für mich ist das Mike. Jeden Tag ruft er mir etwas zu. Längst habe ich es verinnerlicht, doch man kann es ja nicht oft genug gesagt bekommen:

Life is great.

Danksagung

Wertschätzung wird oft unterschätzt. Von mir nicht. Ich möchte daher nicht versäumen, DANKE zu sagen den Menschen, ohne die es dieses Buch nicht geben würde:

Meiner Familie, meinen Eltern, Geschwistern, Verwandten und Freunden – dafür dass ihr mich immer so genommen habt, wie ich war und bin.

Den vielen besonderen Menschen auf meinem bisherigen Weg, die mich inspiriert haben – ich liebe das Leben, auch wegen Euch allen.

Allen wunderbaren Kolleginnen und Kollegen in allen Firmen, in denen ich bisher tätig war – es war mir eine Ehre, mit Euch zusammenzuarbeiten; ohne Euch hätte ich beruflich nicht so viel erreicht.

Dr. Bertold Ulsamer – Du hast mir geholfen, meinen Weg und mein Glück zu finden.

Dr. Hanna Leitgeb, meiner Agentin und »Blutsschwester« – Deine Rauchzeichen waren die richtigen.

Ralf Markmeier, Sigrid Fortkord, Renate Hofmann, Anja Rotte und dem gesamten Team beim Gütersloher Verlagshaus/Verlagsgruppe Random House – ich bin happy, bei Euch in dieser besonderen Verlagsfamilie zu sein.

Dr. Bettina Burchardt – die beste »Reisebegleiterin« und Sparringspartnerin, die mir als Autor passieren konnte. Ein großes Glück, Dich getroffen zu haben! (Ralf: Du hattest die richtige Nase, Chapeau.)

Daniel Häuser und Peter »Bulo« Böhling – dafür, dass Ihr die 10 Thesen in *Clap* veröffentlicht habt; mit Euch fing alles an – Ihr Legenden!

Nicole & das Friseurinnen-Team bei JP Cut & Color sowie den drei alten Damen, die damals vor mir dran waren – ohne euch hätte ich die »10 Ratschläge« vielleicht nie so aufgeschrieben.

Allen Menschen und Medien, die sich mit meinen »10 ernstgemeinten Ratschlägen« beschäftigt und sie weiter verbreitet haben – Danke für Lob, Zustimmung, aber auch für konstruktive Kritik ... jede Reaktion war mir wichtig.

Auch zu diesem Buch freue ich mich über Feedback: Schreibt mir gerne per E-Mail an *frankzdeluxe@gmail.com* und trefft mich auf Twitter und Instagram unter *@frankzdeluxe* oder auf Xing.

Mehr über Frank Behrendt unter *www.frankzdeluxe.de*

SINN SUCHER

Dein erfülltes Leben beginnt jetzt

Entspannter durchs Leben

Online-Kurs mit Frank Behrendt

dem Guru der Gelassenheit

Entdecke unsere Experten und Coaches auf:

sinnsucher.de

Endlich besser mit Kritik umgehen

Kritik austeilen und einstecken – das ist zwar unvermeidlich, oft aber sehr unangenehm. Deshalb ärgern wir uns meist nur und schimpfen, ohne etwas zu ändern. Wir meckern, ohne dem Gegenüber eine sachliche Rückmeldung zu geben. Oder wir schlucken unseren Unmut einfach nur runter, der Frust aber bleibt. Umgekehrt sind wir oft tief getroffen, wenn jemand uns kritisiert.

Barbara Berckhan zeigt uns, dass wir nicht jede Kröte schlucken müssen. Wir können mit Kritik umgehen lernen und anderen Menschen sagen, was uns stört – ohne sie dabei zu verletzen.